1.
LE REGARD DU COLIBRI

LE REGARD DU COLIBRI

Mathias Gualde

En application de l'art. L.137-2.-I. du code de la propriété intellectuelle, toute reproduction et/ou divulgation de parties de l'oeuvre dépassant le volume prévu par la loi est expressément interdite.

© Mathias Gualde, 2024

Édition : BoD · Books on Demand GmbH, In de Tarpen 42, 22848 Norderstedt (Allemagne)
Impression : Libri Plureos GmbH, Friedensallee 273, 22763 Hamburg (Allemagne)

ISBN : 978-2-3224-9786-7
Dépôt légal : Décembre 2024

PRÉFACE

Monogramme ou anagramme

Te dédit ce jeune être aux courtes pensées

Couvrant ses nuits pour le plaisir des guises

Te crée de contours ce qui restera pour toi

Que je t'ai façonné au gré des mois

Une création terminale, Aucune autre personne

Se cachant dans la cour des vérités, Que personne ne t'écrira

Une présence en un manque d'honnêteté

Une fine beauté gommant les formes

Tirant sa révérence sous tes yeux

Je ne peux te souhaiter, un avenir sans ombre

Au nom de ma peine

Au nom de ma haine

Pour le bien de ma chair

1 - NUIT

Au travers du temps, la vision de son univers

Quand, non loin de là

Sous la poésie d'un ancien temps, les réverbères

Éclairant dans la nuit par leur vérité

Laisse à cette jeune femme, mille et un carrés sombre

Sous son manteau de pensée

Le ciel regardant sa somptueuse marche

Mettant à couler, tomber, Oh douce sentimentalité

Qui, s'éloignant de sa pureté

À l'intérieur de rêve trompeur

Attendras-tu ? Laisseras-tu ?

Pourtant, la deuxième silhouette blanche est là

Sous une fausse lumière, elle la voyait

Au travers d'une tristesse dégoulinante

les cigales pleuraient

Sur un banc d'os et de pudeur, il montrait dans le reflet de son torse, un cadavre exquis

Abandonnant l'expression de sa ligne, inerte de son cœur

Il s'envola, sous la pression de son encre

Un manteau de mémoire restante

Des pleurs s'entre choquant

Les lumières noires

Une danse après la pluie

Une plume blanche, des cris pour la lune

2 - VIEILLESSE SOUS LE PORCHE

Encore une lettre, encore un mot

Jonchant, encore un morceau de son âme

Que fais-tu vieil homme ?

Ne portes-tu donc pas une attention à ce qu'il te reste ?

Tristesse ne nous entend pas

Pourtant, tu hurles aux portraits, ton passé douloureux

Priant ton silence sous la pression de l'arthrose

Oh vieil homme, tu es bien maladroit

Sur ta vie sifflotante, tu ne laisses qu'un bout imaginaire de ton être

Regarde encore un morceau de ton cercle

Qui s'évapore au gré du temps

Je te le demande encore

Au travers de ta fin

Pourquoi es-tu incapable de le voir ?

Feignant l'ignorance d'une overdose

Tu pleures ne serait-ce qu'un matin

Pour t'offrir à ta solitude

Que tu meures sous le soleil

Au lever des oiseaux

Que tu meures sous le ciel

De nous avoir abandonné

3 - HASARD ET TENTATION

Ne vois-tu pas les démons nous enivrant

Dans un nouvel écrit, nous le laissons

Tout doucement comme une dépression

Je te le dirai, mais rien ne changera

L'extase de la chose ne pourra être la même

Si dans un douloureux instant, nous laissons tomber

Encore une fois, rien n'avancera

Les démons ne sont plus, les démons ne sont que là

Emmenant au travers des pensées une chose complexe et volatile

Je te les rends, ces temps perdus

Je te le partage, ce souvenir périssable

4 – LA FERME

Usine à rêve, je te laisse
Les projecteurs s'éteignent
Sous le dernier acte, l'illusion d'un printemps
Te tendant une dernière main
Disparaissant dans l'aurore
Le champ en feu, le chien est là

Encore un jour, encore un acte
De ce théâtre de fantaisie, tristesse et colère
Jugeant de leur mental ardant
L'illusion brûlante de la pièce
Par l'œil froid de la mélancolie
L'usine à rêve a fermé
Le futur s'est brisé
S'agitant sur scène silencieusement

Les cordes sont coupées par les mains d'un faux espoir

Aucune fleur n'est lancée

Aucune larme n'est présente

Seulement, au sol, sous un dernier halo

Un pantin est tombé

Son cœur s'arrête

Car dans cette usine théâtrale

Quelqu'un t'a déjà dit « il est parti gambader »

5 - MÈRE

Les yeux dévoyant la nature, ton monde

Le vent priait de sa douceur, la création de mon monde

Sous la danse verte de notre temps, de notre monde

Les fleurs de ton torse, bercèrent ma philosophie

Un doux sourire, des souvenirs indéfinissables

La douceur de ton être, ramène la magie de cet air

Sous le soleil chaud de ce paradis

Nous nous le demandons, Ah Mère des étoiles

Montre nous le chemin, la voie de bonheur

Ne touche pas à ces fleurs rayonnantes

Qui éclaire dans les ténèbres

Un visage familier

Ne désirant que fuir cet instant

La nostalgie

« Tu ouvres enfin les yeux ? »

Sous la distance d'un cœur battant

Depuis des vies entièrement

Un sourire gravé

Qui ne séparera jamais cet univers

Comme une météorite

Libère ses comètes

Dessine son visage

Pour ne pas l'oublier

Un être, une fleur, marchant main dans la main

Dans un monde authentique

Dans son monde fabuleux

Dans mon monde Sillonnant

Dans notre monde personnel

Les carillons sonnent

Tandis que les racines s'en mêlent

L'histoire d'une mère

Tandis que le soleil se lève de nouveau

L'histoire d'une jeune pousse

Sous le gré du vent

Leur voix chanteront

Encore une fois

Encore un jour

Les pleurs disparurent

6 - VILLE

Câline de ta plume

Une bille gorgée de démence

La philosophie de la pruche

Exécute la coupe du charpentier

Et détruit de ce monde

Cette vision infâme

CE DUO SENTIMENTAL TEMPORAIRE

Raille de ton sang

Cette vision isentropique

Hurlant dans l'esprit de la cité

Les cœurs sont pendus

Il n'est maintenant temps que pour eux, une cacophonie

Disparaître dans la nuit, une orgie de rouge

Car aucun d'eux ne pourra crier

Suffoquant dans leur désir

LA LUXURE DE LEUR ÂME

Nous les voyons ensemble

De ton arme délirante

Les lettres avancent une par une

Tandis que dans la ruelle, une cochonnerie

Oh, je te prie, je te le demande

Guide dans les pas des étoiles

leur fin misérable

Incapable de comprendre la vision des autres mondes

Incapable de faire autre chose que de se baigner dans leur amour

SUPPRIME CETTE VISION DE MA VUE

Et câline de ta main

La fin d'une œuvre incomplète

La fin d'une sentimentalité corrompue

Arracher d'un cœur déjà mort

7 - ENCORE UNE FOIS

Toujours sur le même lieu
Les pensées reposent
Tuant l'amour sous le précepte de la vie
Les cieux sont tombés, écrasés sur la Terre
Renforçant les illusions
Tout brûlera sous le cri de l'animal
Encore un petit peu
Encore une fois
Ne voudrais-tu pas de tes balafres, recoudre les entailles ?

La bille s'écrase, la peau s'effondre
Tout a encore une fois disparu
Sous le tonnerre pétrifiant
Le paradis s'est envolé

Vers des cieux encore inconnus

La voix de tes sentiments n'est plus

A toi, je te dédie

Ces passages à la guillotine

A toi, encore intact

Emporter par un radeau de cruauté

Devrai-je te dire ce que tu n'as jamais vu ?

Malheureusement, il est déjà l'heure de dormir

Quant au moment d'ouvrir la porte

Une chaise s'écroule au sol

8 - DICTONS

Pourquoi montres-tu sur ce papier de soie, des mots qui n'existeront jamais ?

Pourquoi te caches-tu dans l'illusion de ton envie ?

Pourquoi ne voudrais-tu pas tourner la page ?

Pourquoi ne continueras-tu pas ces dessins ?

Je les ai déjà vus dans un monde caché derrière les collines

Lors de cette pluie de mémoire

Crimes et Horoscope se sont percutés

Tu as encore changé une fois de plus la couleur de tes désirs

Incapable de faire un pas en avant, sortons le mort

Aujourd'hui, nous sommes tombés

Sous les coups de nos pulsions

J'aurai voulu m'adonne, le moment d'une infinité

Il est déjà bien de cela, tout est tombé

Encore un poème, une poésie soporifique

Ah, lune de tous mes désirs

Quand le temps aura enfin une fin

Quand… aura compris le mécanisme

Quand… pourra enfin arrêter

Un moment inopportun

La promesse d'un jour, une ligne s'enflamme

Carboniser par une chose, une inconnue dans son âme

Qui ne pourra jamais galoper dans un ciel bleuâtre

Rempli de souvenirs, deux atomes s'alliant

9 - ESPÉRANCE DANS LE VIDE

Derrière le calice de ce verre incolore

Un léger papillon s'élève

Traînant de ces ailes violettes, un être est né

Partant vers un lieu que lui seul peut connaître

S'estompe à la première rosée

Ne voudrais-tu pas rester à l'intérieur de ce cocon ?

Le papillon éclot, une mer blanche

Le feu se dissipait, ses ailes battaient

Tant bien même, le soir repense à son histoire

Sentant l'histoire du soleil

Aucun pollen ne lui sera donné

Le soleil, la lune, le papillon, errant dans le vide

Il ne pourrait que sentir leur noyau

Une femme qui s'en va, un homme qui s'étouffe

Sur cette scène muselée

Le papillon se posa de son vol symbolique

Il s'arrêta dans un doux mouvement

Déversant son pollen dans l'atmosphère sinistre

Toutes les choses disparurent

Dans un roman que la vie a écrit

L'homme agrippait par ses erreurs, une main tendue

Les yeux fondus, une erreur de jeunesse

Pendant que tout ceci continuait de tourner

Le papillon disparut

La fin d'un cercle

Au loin sur un quai

Un nouveau cœur apparut

En même temps qu'un homme

10 - HYSTÉRIE

Balle de métal, aux poudres enivrantes

Font pleuvoir de leurs onomatopées

Les bouchers de la mort

Contemplant leur victoire illusoire

La corps saint de l'apôtre aux fleurissant liquide

Se sont attachés par leur sangsue vertébrés

Aux dictons de Jadis

« Je te le nomme par la création,

Je te l'idole par la destruction

Eux qui forment gravité

Deux qui consument le flambeau de la guerre »

11 - CANNIBALISME

Oh toi, mensonge de ma tristesse

Oh toi, désarroi de notre temps

Une ère de proton

Déverse encore de ton jus unique

Une gouttelette de ton âme

Elabore une créature hybride

Dessine de tes formes

Un oiseau courant dans la pénombre de tes hurlements

Les photos s'arrachent

Les brides s'écartent

Que fais-tu encore debout ?

Que fais-tu avec tout ?

Une soirée d'orgie

Une durée d'un instant

Au loin, la semence d'un homme enivrait
Regardant au-delà de l'échine
Les poupées de feu
Une trahison sans nom
Une histoire similaire
Les journaux de notre famille

Un autre fantôme dans un jeu
Cherchant de sa carapace un problème de lien
Souiller dans un moulin rouge
INCAPABLE DE PLEURER, INCAPABLE DE COMPRENDRE
Ne voudrais-tu pas essayer ?
Un suicide à la chaîne
Une femme, un monstre de luxure

Puni en enfer

La vie réelle

D'un message secret

Qu'elle n'a jamais voulu comprendre

12 - PASSE UN VERRE, AVERTISSEMENT

Une simple dose d'anamorphose

Refait surface dans un égo de pleurs

Sous une pluie battante

Ils se sentaient encore dans une cage

Marchant sur cette mycose créative

Les trous s'agrandissaient

Qui n'a jamais vu un sourire, Neige à la télé

Une montagne russe d'ignorance

Les bougies de cire, un espace triangulaire

Dans les éclairs de la soirée

Un moment de tendresse s'est échappée

Précepte d'un événement

Les passages de la pellicule ont viré au noir

Un ouragan de mouvement

Une espérance de revivre

Mais il est déjà trop tard, tu as bu un verre

Oh toi, comprends dans ces gorgées la ligne de la trame

Et carbonise dans ce feu noir, les passages faussement réalistes de nos désirs

Prendras-tu encore une fois un de ces délicieux cocktails

Qui ressort de mes yeux

Ou voudras-tu goûter à une nouvelle friandise dans ce jardin de molécules

Reprends une dose de métamorphose

Transformant tout ceci en musique

Continuant de geindre le bruit grisant

La porte se ferma, un bonjour et un adieu

Comme lorsque le principe fut perdu

Des pleurs d'une matrice inconnue, le dysfonctionnement d'un lobe

La texture coulante de ta gorge

Un tabouret rougeâtre, répands de ta soif

Deux tabourets châtain, observant un verre vide

Le chemin s'ouvre de nouveaux

Sous une douleur insatisfaisante

Je préfère mes alibis

Tu préfères partir

Vers des chemins opposés

Vers des lieux propres, deux tabourets rougeâtre

Que nous seuls connaissons, sans personne dessus

Anéantis sous les coups

Un mirage d'alcoolisme

Lieu sale de vos histoires

13 - VOIX SUR LE CHEMIN DU DÉTOUR

10 ans dans le vide

Chute sans fin, raconte un sonnet

Les voix de ce vent, l'apesanteur

Rappelle une faute, un désastre

Chuchotant la percussion

Je me demande encore, quand cette vie a fini

Je me demande, me questionne sur toutes ces voix

Aucune lumière dans les mers

Pleurant, les larmes d'une isolation

Cherchant un dernier mouvement

Brisant le silence, des voix instable

Un sauveur sous la pénombre

Continue de rire, de tomber, de voler

Le trou dans un torse, voix dans le ciel

Un nuage fait d'opéra

Des tympans suintant d'intelligence

Des mécanismes nécrosés

S'arrachent sous la pression de l'océan

Un corps à la dérive

Une fois n'est pas coutume

Que de la brûler dans l'océan

Sur les rives d'un immonde

Vide

Tends la main de cette bête, dévorant le feu

Recousant membranes organiques

Un cadavre mouvant, sourit à la porte

Derrière la parole de judas

Une enfant heureuse, créatrice de vengeance

Emmène dans un esprit de fleurs

La carnation des œillets

Pour maudire une nouvelle fois

Les trous cicatrisés, un lapin dans les bras

Une batterie de tambours

Viens chercher la fin de l'histoire

Rendant la dernière page du cahier

Décapite la pénitence

14 - RÉALITÉ DANS LA FLAQUE

Les infos bourdonnent un chant de partisan

Les violences de l'humain

Cacophonie d'odeur

Des rassemblements de défense, une polémique de flamme

La masculinité a pris le pouvoir

Les infos ont chuchoté le mensonge

Le soir des tensions

Personne ne fera attention

Alors que sous ces courbes étincelantes, une peau bleuâtre

Laissez jaunir une tumeur générale

Les beaux cheveux soyeux d'une déesse, arracher contre le mur

Une dénonciation erronée, une de plus

Plus rien ne s'arrête, tout continue, tout accélère

La douceur de ses membres chauds, des trous solides

Amour et confection sociétal

Incompréhension des termes

Ah, toi, tes beaux yeux étincelants, perdus dans les bois

Non Alice, tes lunettes brisés, la bouche cousue

Des gémissements d'une envie de toi

Pourtant….

Regarde dans le miroir, un coquard

Un cheval de désastre, sous le rythme des journalistes

Des dirigeants aveugles

Tu as encore réussi à dormir

Laissant seul ton bonheur

Je te l'épelle une dernière fois

Que la chloroquine a effet

Une dose de souffrance, multiplication de mes désirs

Un grognement de protection, un rejet de citoyenneté

Une jambe brisée, pour les termes inconnus

Des coupures sous le corps d'une tendresse devenu un fantôme

Par les coups d'un être de ceinture

Par les coups d'un homme de pulsion

Les infos vomissent, une nouvelle fois

Une femme est enterrée

Amour, raison inconnue

HAINE, terme de couple

Aujourd'hui, comme hier

Un homme a tué sa muse

Qui ne reviendra jamais, la porte de son bonheur

La réparation de son être, une habitude joue des clés

Une tombe sous la pluie, un homme a quitté ces terres

Sous le parapluie solennel

Un bouquet t'est donné

Un abandon sans fin

Un cimetière de cœur

La fin d'un tempo

15 - LIBÉRATION D'UN PARTISAN

Un cosmo-note joue sa mélodie

Le thème des couleurs, une langue inconnue

Attire les étoiles dans sa voix

Je me demande si un jour, des notes courant sur le tempo des minutes

Sans grande satisfaction de cet animal

La soirée se finit dans des cocons de mots

Un germe, une naissance, un trou dans le sol

Tout ceci répète la mélodie du cosmo-note

Un cercle biologique, 1000 ans de routine

Pour tenir une main

Sous la chaleur de l'été

Le cosmo-note a finalement disparu

Laissant derrière lui, un désir

La température grimpante, les cigales chantant

Un moratoire de tendresse

Une distance de vie

Trois jambes de mouvement, les mains ont glacé

« C'est sans doute ce que la vie nous offre ? »

Un bourdonnement sous la pluie de cette herbe

Déluge d'étoiles, aucune journée

Banc connu de tous, un vieil homme sans sa femme

Encore une fois, encore une danse

Lui rappelle son visage

Qui s'est un jour évaporé dans la maladie

Trois types de marche, les pensées fusent

Le cosmo-note au piano

Chantant une dernière musique

Laissez un chagrin de bile sortir de sa carapace

Routine frise notre demande

Devrait-on louer des foules pour écouter ton art

Désagréablement, tu es le dernier

Les autres ont mangé leur étoile, trouver leur paradis

16 – BANALITÉ DANS LE TRÔNE

Chrysanthèmes de mer, créature de nos tensions

Astre de la vie, Déesse de nos souhaits

Devrai-je croire en tes notes spirituelles ?

Telle une luciole de mémoire, une forêt étincelante

Oh, être de la naissance

Devrai-je aller à ta rencontre ?

Fusion de nos chaînes, Reliant terre et ciel

Un partage de douleur

« Devrai-je te recevoir ? »

Carmin de velours, diable de nos entrailles

Vole-moi ce que je ne peux voir

Dans un rêve monochrome

« Devrai-je t'entendre dire que je ne suis qu'une bête ?

Devrai-je t'entendre me dire que tu m'as refusé ? »

Pourtant

Sans un cillement, Racine de nos vies

Les minutes défilent, un jeu de lumières

Terriblement grisâtre dans la soie d'un iris

Mère de nos fantasmes, désigne ma luxure

Prétends encore une fois à ce symbole de moisissure

Le Lilas de tes courbes

« Devrai-je, pour une seule fois, lire sur tes lèvres ?

Entendrai-je ce que le soleil voulait ?

Entendrai-je les roses de la lune ? »

Pour une fois, une promesse brisée dans un verre de doute

Une liaison de mensonge, le rebord a disparu

Un fautif de tromperie

Une voix subtile, un visage oublié

La conscience d'un rêve qui ne se réalisera pas

17 – JOIE DE LA CRÉATION

Une banalité sordide, ta vie miséricordieuse
Aucune plume festive frôlant le sol
D'un épais manteau biologique
Oh, chaleur, tu es parti

Tu as oublié ce doux moment
Derrière une porte fait d'encre
Tu as pris, ma lumière vacillante
Dans cet espace de création
Tu as esquissé de tes doigts crochus
Un sourire angélique
Tu as déchiré, les images du temps
Une pluie douce de Novembre
Tu as laissé tomber ton corps, un jardin de Tulipe

Le chant de la fin

Tu as créé, ton esprit de démence

La distance d'un regard

Tu as vu, un futur ironique

Que toi seul tenais

Tu as tué mille et une fois

Une bête dans le noir

Tu t'es souvenu de tout tes pleurs

Une créature de plaisir

Tu as répété, histoire de notre gloire

Une petite chanson au deuxième acte

Tu as écoulé, Neptune et guérison

Une répétition de deuxième ordre

Les atrocités, dénouer de raison

Sans le son de la compassion

18 - AQUARIUM

Les racines d'aquarelles

Tissant de leur vert coloré

Un hameau de fantaisie, la soirée se conclut

Que sur le comportement d'une boussole de température

Printemps parcoure mes veines

Oh, cette année tu es froid

Quand, au moment de copier

Ces mouvements, ces racines

Les couleurs s'accumulent, une fête au balcon

Foule d'illusion dans une tempête de chloroquine

Les bouts de bois

Une gorge de sécheresse

Sortent une vision de couture

Les secondes gardant cette accoutumance

Une contagion hystérique, une feuille de cerisier

Comme à l'instant de naître

19 - QUIPROQUO AU SECOND DEGRÉS

Une vieille boîte, secret de grand-mères

Le plancher grinçant qui, récite sa vie

Les fantômes sur le mur de pierre

Camisole leur synopsis

Encore une rime empoisonnée sous les rayons de notre mère

Chantant d'une vague de cyanure

Un cœur si longtemps troublé

Retourne dans sa maison de cris

Sous le sommier de tous les plaisirs fendus

La mort tape dans ses mains

La mort la prendra lendemain

Car finalement, être de bonté

Il lui a tenu la main

20 - HUILE AUX MILLES SAVEURS

Acétone de bonheur

Recouvre de ta douce patte

Ce léger vrombissement d'excuse

Sous un profond envole de fil

Chante au travers d'une barque

Un sonnet de verdure

Qui s'est dérobé

Un opéra de satin

S'écroule à la tempête du rythme

Simple marche, premier au revoir

Chaise dans le vide, portraits dans les livres

Délicatement créatif de cet être

Un membre au terrible dessin

D'une cadence s'est détaché

Oh plume d'ange, libère demain

Un récital de siècle

Que la monotonie a repeint

Regardant par ce verre séparateur

Un doux soir, maison riante

Une machine à écrire aiguise ses contours

Régurgitant de ses touches

Une bille d'acétone remplie de poison

21 – CREMATORIUM D'ANDROMÈDE

Cette vision de brouillard

Éblouit d'un œil portant

Vicissitude et celtitude

Arrachant de ses cordes monstrueuses

Rebibe les liens d'acier doré dans les bulles du passé

Une épine de rose

Gravitant sur cette sphère multicolore

La maladie le déguise

D'un dessin d'une pluie d'encre

« Il suffirait »

Encore un marché de Lys

Coincer dans un four

Enchaînant les phrases

Laissant sortir ces paroles, une cage, une neutralité

Encore une ombre sur les murs, 41

Le bois de l'agonie, craque sous la faim

L'éclatement des bulles

Des passés se dévoyant

22 - MINORITÉ EN DO

Le temps à tuer de la lune

Mars dessine sur les somptueux contours de l'espace

Une tête qui vacille au coin de la pièce

Sans que son aura imbibe, une odeur de creux

Il en perdit son odorat, une lichette de pourriture

Retenant, la déchirure de son échine

Un satellite s'écrase au loin

Levant ses êtres de lumière, un théâtre souterrain

Un feu bleu destructeur, une impression de déjà vu

Il en oublia sa vue, La lumière de son horizon

Le soleil de sa vie, les chandeliers de la mort

Faisant vibrer de leur douce corpulence

Un amas de terre sous un bois de premier choix

Suintant de ses pores invisible

Il en esquissa sa vie

23 – COSINUS

Trouvant derrière une scène de jazz, Alcool et musique

Sous le groove de la piste, Contre basse qui dérape

Cherchant quelqu'un pour lui donner de…, Un pianiste en feu

Joue au dé sur le dos de ses douces odeurs, un tabac violet

Le rythme de ses hanches

Déambule sur le plancher, casino de témoin

Soirée masqué à l'eau de rose, Trompette d'extase

Un joueur de roulette, une balle d'humeur

Création de costume, teinté de rouge

Le piano de la morgue

Bouge avec ses jolies jambes, Robe de sang, Carré d'or

Un triangle amoureux

Qui se fait sous les masques, jeux de lumières au clair de lune

Corbeau, biche et chat...Aucun à la trappe

Sous les applause de vertu

Un jazz de russe

Un revolver de touche

Et des chœurs sans chant

Orgie de symphonie

24 – JENOVA

Avion dans le ciel, les rayons de roses

Un être sous les branches laissent les racines le recouvrir

Une partie de chaleur dans les bras de dame nature

Rappelant la solitude de son esprit

Inerte, cœur fendu

Il laisse le soleil tomber sous un jeu de parole

Une statue à sens giratoire

Un passage dans les forêts

Mais où t'es-tu perdu ?

Regardes-tu derrière toi ?

Une poésie qui n'en est plusieurs

L'art d'une explication perdue

Les feuilles recouvrent cet amas de chair froide

Tandis que les oiseaux chantent sur le bout de sa tête

Des explosions de couleurs dans ses yeux, une légende du mois d'août

Finissant par être oublié dans les terres de ce monde immonde

Le seigneur de la nature humaine

Chante encore un sonnet sur le tempo des minutes

Recouvrant de chêne et de lierre, un cadavre imagé

Qui a combattu face à ces desseins

Face à cette conséquence

Des fils, de câbles et de racine

Une alimentation hybride

25 – INCOGNITA

Inconsciemment dans la mémoire de tous

Généralement oublié par cette ombre douce

Naturellement devenu celle que je ne devais être

Indignement incapable de renaître

Complètement perdu dans le silence de la foule

Tellement isoler du temps qui s'écoule

Profondément incapable de voir la vie qui se déroule

Malicieusement, je remboursai mon temps

Lentement, je décortiquerai ces instants

Inlassablement, je prenais la vie des autres

Intentionnellement tel un votre

Scrupuleusement les visages tombés

Notamment ces moments imbibés

Rapidement perdus par ma pensée

Parfaitement détruis par ce fiancé

Brusquement devenu fantomatique

Actuellement chromatique

Malheureusement incapable de te faire sourire

Impunément digne à mourir

Successivement les vies devenaient transparentes

Agressivement cette extase hilarante

Décidément résigner à rester dans le noir

Sensiblement impuissante d'arrêter le robinet de la baignoire

Visiblement étrangère

Gaiement mensongère

Discrètement dans la nuit

Curieusement attiré par les ennuis

Étrangement devenu immortelle

Silencieusement mortelle

Finalement transformer en celle que l'on appellera

Incognita

26 – ENSECRETEMENT

Une marche tremblante, pantin de misère

Casse ses fils qui l'animaient

Sans que son bois se cassent

Par lui-même, il s'arrêta

Au milieu d'un bois couleur de ses yeux, un chant de moisissure

Légère brise, être de nos envies

Ne daignerais-tu pas apporter d'ici là, cette poupée de temps ?

Sous la lueur d'un esprit malin

Les feuilles d'automne laisse une nouvelle saison le faire sourire

Ombre maligne, passage de toute chose

Crie encore une fois sur cette pousse

Enclenche la première racine

Adosser à cet arbre

27 – COCON

A toi, être de toutes nos peurs, ton grossier portrait

Contrôle de nos sens la ligne de nos rêves

Montre dans cet écran de peur, un monde de désir

Tendant à cette congestion, arrache ta tête

Laisse sur les murs, le théâtre du passé

Dégurgite de tes ténèbres, la lumière de nos vies

Guide de ta peau froide, les serpents d'encre de ta bouche

Un poison au mille plaisirs

Décrassant cette peau sous le reflet du miroir

« Être de beauté, guide le poignard d'une bête »

Oh, vieille femme, hurlant de sa carotide

La créature oubliée de maladie

Dessine dans ces yeux, le sourire de la fin

28 – FLASHBACK

Bobine d'histoire, sous le feu de la nuit

Remonte l'échine de nos sentiments

Dans un passage aux semblables esprits

Recréer encore, un instant d'illusion de bonheur

Qui se dessine sous la danse des étoiles mortes

Prenant forme sur la toile de nos désirs d'enfant

« Je voulais te protéger »

Juste un léger plaisir acide, la tendresse d'une amitié

Un cauchemar de tentation sous la langue du serpent

Recrées, à toi, projectionniste de mon torse, le sourire de ma vie

Revois, lumière de ma tête, un instant d'intimité

Des saisons qui passent, le blocage d'une soirée

La froideur de nos étés, les chevaux hurlants

Désirant serrer cette main de poussières, sous la fumée de nos souffles

Un simple film sous la pluie de plumes

Deux mondes sans chaînes

Le feu d'une jeune femme déambulant sous les lumières de ses crimes

La voix d'un jeune homme cherchant sous les pleurs de ces nuits

Un dernier moment de complicité

« J'ai éteint le feu »

29 – DOUBLURE SOUS LA PEAU

Une étoile parsemée de vent, ange déchu

Percutant de sa tête circulaire, le sol de nos délices

Comme un amas de mots, mortel sourire

Encre du corbeau, enlève de ton bec ce délicieux livre

Chantonne dans les arbres, une poussée onirique

Créature de nos cieux, implorons mille pardons de création

Laissant notre esprit instiller dans le chant de carmin

Oiseau de nos cymbales, Réveil à la tombe

Un doux nom d'invention

Sans compter l'au-delà de nos pas

Quel moment de tristesse ce sont encore une fois perdu

Serait-ce un léger oscilloscope de pulsions ?

Sur une balance de plumes noires, un cri strident de sirène

Le droit de nos vœux, à toi nous les offrons

Mains dans les mains de nos chrysanthèmes

Le visage mort d'un corbeau de tulipe

30 – TENTACULE DE SIROP

Une journée ensoleillé, sur la durée de nos âmes

Détruit cette ville d'un nom inconnu

Déguisant en toi la couleur de tes flammes

Forgeant de cette peur, un visage sous le masque

Annihilant de ses doigts froids le monde de ces couleurs, un monochrome de pleurs

Encore un mort au journal, sous les récits menteurs de leurs désirs d'épargne

Anéantissant de ses yeux, ce mensonge de désir

Les démons de son cœur

Encore un peu trop d'espoir, sous le seuil de la porte

Un tentacule de vision

Recréant de sa douleur artérielle, le passage d'une exécution

Continue le pas de cette course sous les lettres qui s'enchaînent

Entends-tu derrière la porte ?

Un marcheur de cauchemar sous les feux de sa nuit

Trace de sang dans ses foulées

Encore un mur que tu as repeint

Effaçant le présent

31 – AVENIR

Quintuple griffes du paroxysme, amène en ta dose

Un léger soupçon de peinture

Guide de ta nécrose, notre planète si obscur

Retranscrivant sur cette toile blanche, un regard divin

Oh, Musique mortelle, que joues-tu à notre oreille ?

Ce n'est que le sonnet de ton arrière-plan

Peinture d'huile, feu de cheminée

Désorganisant notre travail de mille lauriers

Déshabille de son bois, ce simple pinceau aux milliards d'atomes

Les voix du futur chuchotant l'incendie des âmes

« S'il te plaît, Colibri de nos nostalgies, oh fantôme de nos créations »

Les écrits se mettent à bouger dans les pleurs de notre isolation

Un simple cercle noir, l'iris de nos yeux

La toile s'est envolée, la maison est décimée

Comme un regard de braise

Nos personnages ont brûlé

32 – FER DE COMBAT

D'innombrables rumeurs, la caricature des tumeurs

Suivant le sens de nos veines, Élargissent nos peines

Oiseau de métal brisant les cieux, Déchire la cage de ce malicieux

Preneur de tendresse, rendras-tu ne serait-ce qu'une unique caresse ?

Combattant pour son peuple mouvant, Un tabac étouffant

Dans un monde triangulaire, Crache une bille crépusculaire

D'un manque de douceur, « Oublie ma douleur ! »

Le crédit d'un acteur, Les pleurs d'un réfracteur

Dans le son d'une cigale, Le signal du dernier musical

« Quelqu'un peut-il entendre tous tes sons ? » Une fausse chanson

Des sentiments mis sous terre, Un être fait de cratère solitaire

Laisse derrière lui, une jeune fille sous la pluie

Deux tombes enfin réunies

33 – MÉTÉORITE

Oh, étoile de rêve, vole au loin

Et écrase-toi dans ce bois

Repeignant de ta carcasse, le chemin des feux follets

Refais chanter les moments d'un temps

Qui s'instillait dans nos nuits

Une simple branche au milieu des cratères

Un radius qui se brandit

Là où la vie a succombé, les désirs des singes

Dessine ces desseins de venin

Étoile de rêve éclatante de serpent

Efface ces derniers mots de cette soirée

La caresse d'un manque

La douceur d'un ange

Brûlant de mille feux

Mes funestes couleurs

34 – GIROFLÉE

Voix de nos jours, Clou sous le lit

Nos sons innombrables

A l'intérieur de ce pendule cérébral

Tu as détruit le silence de tissu

Désirant enfermer cette poupée ascendante

Les coups, les entailles de ton pardon

Hurlant à dame de regarder la carnation

Les psychoses de ton échine

Créent dans le bruit, une décennie spongieuse

Ouvres tes yeux, perces tes couleurs et encadre ton estime

Tel l'incapable que tu formes

Allonger sur la ballaste

35 – BABYLONE

Père destructeur de marche, erre dans cette civilisation

Le mal d'un siècle grandissant

Déchire nerfs et présent

Veillant sur son lit décevant

« Ne crées pas les ombres de tes souvenirs »

Se dirent les paysages des portraits

Renvoyant à ce blanc les reflets des miroirs brisées

Nuit pensante, atmosphère féerique

Chuchote les démons sur les murs

« Pourquoi attends-tu sous le porche ? »

Tandis que la foudre détruisait

Femme, douce créature

Sous un châtiment de haine, dévore ton esprit

Un vers mental succombant sous la quantité des péchés

Allongé sous la maladie enrageante

Femme, tu t'es éteinte

Homme, tu as laissé la lumière allumée

36 – ÉTREINTE DE BREBIS

École de désillusions ferme tes portes

Dans un léger musée de douce parole

Laisse, oh Mélodie nous transporte

Cacher dans l'illusion de nos banderoles

Une dernière fois, marche dans tes sombres couloirs

Œuvre d'art aux murs, Défouloir, Une salle de pensée, Isoloir

Encre déversant sur la peau de papier déguise le reste d'un estropié

Une révérence de coéquipier

Oiseau du paradis, tu prends ces cadavres avec toi

Pour cacher ces désirs enfantins, Monochrome de cœur

Soupir dans la tête un regard sur le toit

Envole de ces pierres leur sourire moqueur

« Épisode du temps, abandonne-toi de ces gravats

Parcoures mes veines, libère mon esprit de ton canevas

Puis laisse-moi une unique fois, voir en ta destruction

La liberté de cette malédiction »

37 – CHIFFRE DE L'OR

De son stylo blanc, elle trace cette route

Ce tracé semblable à une joute, Nous envoûte

Seuls sur ce sable luisant

La forme des montagnes, une universalité séduisante

Jouant avec nos âmes, escalier de mouvements

Nous fait danser sur nos moments

Tandis que nos fils s'entremêlent

Nuit d'hydromel, Passage de caramel

La beauté de son art, psychose dans la pièce

Un Damoclès de tristesse, Pendaison de détresse

Laissant aux murs, la beauté de cube

Donnant aux nombres, la formation de ses décombres

Oh doux oiseau, monstre de nos existences, tu t'en es allé

Tel les derniers pétales de cette azalée

Tu as lâché la main de nos mondes

A la senteur du tournesol

Poupée de cire dansante, la nuit n'existe plus

Sous la tombe d'une maltraitée

Les sanglots de son âme murmurait en silence

« Ciel nocturne symbole de mes violences »

Encore une fois, la soleil s'est levé sur la route désertique

Marcheur squelettique, Chasser de ce monde ecclésiastique

Avancent de manière systématique vers leur dernière cinématique

Un problème d'écriture hérétique, un désir érotique

Sous la chaleur galactique, une ombre qui brûle, rituel celtique

De son stylo blanc, elle dessinait cette route

Ce tracé semblable à une joute, nous envoûtait

Seul sur ce sable luisant...

Tu es parti

38 – ENTERRER

Pièce de quatre coins, enfermé dans ses cris

Cacher dans ses moqueries en manuscrits

La Camisole de sa démence, un sentiment d'abstinence

Sous la semence de son incompétence

Les pleurs des visages flous flottant dans les couloirs

Lui rappellent dans ses moments d'isoloir

Quand les desseins de sa psychose

Repeint d'une encre infâme ses mycoses

La folie de la nuit, réveillant ses démons sous la corde

DANS UN MOMENT DE DISCORDE, UNE ILLUSION QUI DÉBORDE

Retire de ses cicatrices infâmes, le bonheur du temps

La nostalgie du printemps

L'art des feuilles, le liquide de son être

Une tristesse au loin d'une fenêtre commence à réapparaître

Un moment d'hésitation, un nœud dans la trachée

Tandis que les rêves ont été arracher

Une triste tachée

Enfermée dans une cage intitulée asile

Une incompréhension artistique

39 – ORANGE ET ORANGEADE

Goûteur de spécules

Toi qui toques à ma porte

Tu ne partiras point tant que, de ton dû y sera

Pourtant, tu le sais tout comme moi

Ton dû au doux rivage est vendu

L'illusion de la mélanique du rutacée

Ne pleures pas sous le préau, laissant sortir par graines et toisons

Ta tempête fantomatique

« Va au loin de tout ce gré

D'une lumière effarante, ce brouillard sautillant »

Qui ne laisse paraître en tes yeux qu'un vulgaire amas de végétation

40 – CLICHE CINÉMA

Soleil de joie sur les côtes du pays

Un homme lisant, une femme chantante

Dans un paysage paradisiaque où les rires dansaient

Sous le souffle de l'Eucalyptus, son corps dénudé

Laisse à paraître une trace dans la peau

Signe de complaisance, son parfum de bonté

Cigales et sable accompagnent cet être

Laissant entre voir comme la lumière du couché

Laisse à toi, sourire de pellicule

Mémoire rebobinant du tambour de la bobine

Amène par les mots, la caméra qui n'a jamais projeté

41 - SENTEUR DE BRAISE

Brûlure de couleur à toi, sans remerciements

Coupe les bras de notre sculpture

Calcine de ta barbarie les nénuphars de morts

Stoppe en tes larmes, douce pulsion de rancœur

Appelant encore une fois de plus, une fois de moins

Simplement....

Vers sans rime, poésie aux milles allumettes

Décharge en ta peau le venin de la méduse

Qui contourne de son sceau fatal

Un costume de chair

Virevoltant oculaire, tue encore

Une dernière fois

Le chalet qui a été mis à feu

42 – PIERRE ADELINE

Cristal réflecteur et pièces de blanc

Étincelle de ta finesse, le futur inconnu

Laissant continuer une histoire

Pétales de roses et décor final

Cours vers une fin similaire, fuyant leur récit de cris

Désintègre un déguisement de velours

Femme rêveuse tombe aux clochettes

Ne désirant que de son chapelet

Brillance infinie de l'univers

Porte à sa plume, un chrysanthème verdâtre

Venant décorer les murs

Une salle de mariage pleurant en silence

43 – LE CHEVAL

Croiras-tu, oh, voyageur de temps nouveaux
Un vieil ami dévoreur de misère
Croiras-tu au rythme de sa fatigue ?
Suivre son bâton d'un bruit léger
Découvrant ce que sa vie fatidique dans l'ébauche de son épée

Cri, Cri, lui de fatigue
« En dehors de ma tête »

44 - CISEAUX D'ACIER

Ville au mécanisme enchanteur
Asphyxie de tes vies un brouillard couleur acier

Monarchie de syndrome, liberté guidant le peuple

Aux yeux bandés

Sous l'espérance du temps, le silence ne se conclut que sous le coup de ferraille

Un mariage de ciment et de foudre, crayonnant sa juste vitesse

Un univers disparaissant, rien ne guidant de ses bras

La fatigue se déversant aux travers de ses desseins

Il était le seul être oh blanche neige

Recréer une fois de plus, ton manteau de métal

45 – DÉGUSTATION DE FLOTS

Une coupe de blanc, A soirée dansante
Je la vois sur sa piste de crime
Déhancher ses courbes d'un sanglant plaisir
« N'est-elle que belle ? » Me dit le silence

L'éclat de ses yeux brillant de mille mers
Décuve en ses traits, Signant de sa main
Attrapant à cœur de paume, ses cicatrices de fils
« N'est-elle pas aussi belle ? » Me chuchote son innocence

La couleur de ses yeux reflètent dans ses rêves, un tempo romantique
Cristallisant au loin les douces lumières de la ville

Tandis, Malheureuse, Musique de peine sous le sourire Maculé

« N'est-elle pas la plus belle ? » Chantonne son humeur

Dans les secondes de son temps, une vision d'eau claire

« N'est-elle pas la plus immonde ? » Me suffoque son être

46 - SEUL

Encore un passage de nos piqûres

Prenant l'overdose de l'échine

Les sommets ravageurs aux travers du feuillage

Les créations courantes des rivières

Première attention des colibris

Renfermant en son sein, le décor des apothéoses en couleur

Calque le schéma des peintures

D'une perspective à grand effet

Tout est brûlé, Esprit chauffant

Tout comme sa fugace luxure

Il se trompa de venin comme la cyme de son cœur

Vernis son tombeau guérissant la racine

Nourrissant à même son calepin

Le fils de l'arbre

47 - CIRQUE

Dans un couloir de mélancolie

Le clown de ses sentiments, maquillant le visage de peur

Grognait dans une cage dorée, le bruit de son écrou pendu

Vacillant dans la calligraphie isotropie

Oh eau pourrissante, rabots de déchets déversant

Noies notre peine au lever du soleil et engloutit par les tréfonds ce macchabée

Continuant de rire, maquillage de fissure

Crispant de ses griffes, la solvatation de cœur arraché

Par le bois riant, un rire squelettique

Une sortie de vitesse qui, Rougis à son approche

Glissant de ses lianes, un scalpel d'écharpe

Quand le daltonisme de son illusion perdura

48 – NÉCROMANCIE

Maladie enfantine, se répand dans les chœurs

Église de mille plaisirs, repentit de philosophie

Cache en son sein, la naissance de la luxure, Sèment les graines

Élevant de leur pied vicieux une simple armée à la bave jugulaire

Traînant de troupeaux, Contradiction sous le feu

Les vitraux de leur calèche guidé par les saints

Feignant l'innocence de Satan

Glorieusement décapité à la vue de la paupière

Un cercle tournant d'une infinie tentation

Gicle ses prépuces fanés de pétales

Sous leur main rougeâtre

Office de ton être, Fils de sang, nous t'offrons au diable

49 – MORT A NOTRE MORT

Une musique douce éveille dans les rues

Les cris des partisans tandis que la statue du vieux temps

L'étendard sanglant s'écrasait au sol, Joie dans le cœur

Hommes et femmes, orgies millénaires gravant la tombe

Au travers de ses miroirs reflétait le doux tabac violet

Sous l'alcool ravageur des douceurs du corps

Les armes rouillaient dans une mer au funeste bonheur

La virilité d'un peuple combattant

Au coin d'une rencontre, une allée de ténèbres

Gorgeait en son sein, l'enfant de toutes les marionnettes

Voyant un magnifique bonheur sous l'air des guitares, Coups de feu sifflant

Justice et pitié serrent la main de leur héros d'encre

Sortant à la lumière brûlante d'isolation

Que choisiras-tu, oh, toi, fils de notre liberté

Sous le rire aiguisé, un membre arracheur

Les crachats d'un père

50 – MORT A NOTRE PÈRE

Rires et cachotterie dans les tavernes des ovules

Les braises de la cheminée gémissait

Cachant de sa luxure, la création extérieure du cauchemar grandissant

Prenant l'extase de vanille, au pied de sa porte, une vision d'enfer

Pénétrant de part en part, créant de ses membres affamés une sculpture de dessein

Il courait dans les rires de cette soirée

Frappant d'un toucher délicat le point de son ancrage

Abattant de sa tristesse son épée blanche

« Oh, Père qui êtes partis, peuple farceur

Dépucelle leur macabre plaisir de ta dictature

Oh, Père qui êtes plus qu'une masse

Entendez les prières de chasteté de celui qui vous succédera »

Pluie d'amour coulant le long de son corps

Le dernier moment de sa création

Faisait voler au loin, le membre qu'il avait créé

Vengeance réveille une dernière fois, cette malheureuse précocité

51 – EURO COMPTANT

Eau bénite tombante de ces verres lustrés

Découle en tes particules, un poison d'élixir

Brillant sous les lumières des opérations masqués

Au cri du peuple l'aberrance de câbles

Sillonnant les tréfonds pourrissants aux magnifiques trésors

Pourfend de leur masse cette lame épurée

Les heures s'enchaînant, sur les pas de jazz

La température grandissante de la pression oculaire

Personnage tapant dans leur main invisible

Cache dans un tronc de cervicale une tumeur d'oxygène

Crayonnant sur ses côtes de diamant

Simplement la table d'opération charcutée

52 – DÉTRUIS TOUT, JUSTE POUR MOI

Oh mon amour, triste théâtre sur l'échafaud

Ne regardes-tu pas ce que tu voulais tant voir ?

Bavant de ta pulsion assassine, plantant ses crocs dans ton échine

Je devrais te tenir la main osseuse pendant mes rêves ?

Quelque chose changeant dans un cycle corporel

Sillage de croix, corps mourant aux enfants agonisant

Fierté à toi, créature créant de ses pores les berceaux trompeurs

Tuant de ses mains, le plaisir de la courbe

Sors ta langue de serpent et parcourt de ta chaleur les courbes de mon cœur

Volant vie, pillant visage, Coupant net à la réalité

Épouse dans ta course unique les cadeaux de bonheur

Trieur de nos mots incompris tel le géant de nostalgie à la bride fissurée

« Écoute encore une fois, les pleurs de tes yeux, le désespoir de tes créations

Ne meurs pas dans ton propre piège cérébral aux mille toiles

Attrape pour une fois, le membre tombant de monochrome

Cicatrisant la coquille de verres

Suivant tes foulées sur les murs, criant ta mort

Chacune de tes balafres mensongères régurgitant leur poétique vérité

Enroulant de chacun de tes membres épuisés, les pluies blanches de nos histoires

Gisant, Oh tempête de corps inerte, Fracasse ma carcasse

Anéantissant dans une mélancolie de rouge et de métal

Une odeur enfantine à l'intérieur d'un cœur

Calme ce cerveau de cyanure

Évapore son existence d'une simple larme

Angoissant endroit de l'univers, Forêt aux infinis désirs

Arrache tes racines et montre de ta luisante plaie

Les derniers mots d'un égoïsme tristement repeint

Oh, toi, mangeur de nos ténèbres oubliées »

53 – ICEBERG DE PENTECÔTE

Valeureux soldat de nos fronts abattus

Valorise les sourcils froissés de l'écrou

Sur un chemin de façonnage, les tranchées de leur corps

Crayonnant de parole le mouchoir de leur femme

Insuline de plomb cuisant dans l'artère

Fais de lui, une marionnette dans l'acte

Symbolisme de tous les vers

Le portrait d'un fantassin à la nuit

54 – COURGE DE PAIN

Manteau des primeurs, chapeau de l'artiste

Révèle à la braise cuisante des molécules

Les bouts de ses habits noirs, une pénurie de blancheur

Montrant dans la bourgeoisie de la cité, les non-dits familiaux

D'une maison de luxure, se réfugiant le créateur de ses souffrances

Les auberges coulantes de bière, décuve dans sa gorge une cérémonie

Rentrant seul dans une assise douce, un lendemain se levant de crasse

Au travers d'un carton de ficelle

« Ce n'est que le moment de leur danse, que mes sentiments ont vécu

Trop bas dans un champ de blé, les carotides de nectarine

Un moment d'hésitation à la douceur d'une pêche, les liens de la veille

Brisant au synopsis imposant la corde de la vie »

55 – COULOIR A LA BALUSTRADE

Décorant de sa pourpre manivelle

Une couleur de satin écrivant son fabuleux spectacle

Un ensecretement de mots, Tisseur de leur paradoxe

Découlant marée et vent carburant

Chante aux oiseaux de ses chiffres

Prétendeurs de fabulation

Rogne de ses bords, les passages inopportuns

« Mais qui es-tu ? »

56 – JOURNALISTE

Enquête en tes mensonges, un brouillard véritable

Décroche de tes seins, un plateau de lettres

Marchant de pas en pas, Dépravé

Ce suiveur d'instinct, aux bâillons de liberté

Rêve sans fin de l'illusion prometteuse

Sans verser de calligraphie, découvre la zone

D'un morceau de photo, un partage d'euros

« Traverse mon offre d'une pellicule argenté »

Chantonne de son doux toucher, les caricatures

Sans crime au loin de sa luisante fortune

Une preuve sans tréfonds, Mange dans une ferme

Un droit de silence d'un cauchemar doré

57 – MÉGALOPOLE

Sous les coups des guitares, Enchaînant le rythme de ses paroles

Oiseau volant, Corps chantant

Une simple atmosphère du passage des saisons, une répétition de saveur

Un chanteur aux pléonasmes atomique

Foule aux multiples syllabes, Frappent dans leurs mains tentaculesque

Une mélodie de moratoire du cristal errant

Tout doucement, Le toucher de ses doigts au travers de son cœur

Entrave les entrailles de ses âmes

Cartonne sur le bout de bois mourant

Un Do rompu, Un La toussant

Combien de temps lui resta-t-il

Lorsque de main marquée, La dernière marque s'effacera ?

58 – AGRUME MIRACULEUX

Sous un être rempli de lignine au cœur rempli de sève

Reposez à l'ombre de sa grandeur, Deux jeunes pousses aux rêves explosifs

Sèment de leur innocence, Un onctueux breuvage

Refroidissant la chaleur de leur respiration

D'un signe de xylème, Les racines dansantes du temps

Valorise au travers du Phloème les lois de la vie

Les adieux et les rencontres des graines

D'une évaporation CO_2

D'une forêt d'herbacées parcourant leur différence

Les joies du printemps, Pollen de leurs envies

Simple chuchotement au sommet de la tige

Décolle une somptueuses étamines, fruit de pistil

Décroche de leur tyrannie amoureuse, le bourgeon de leur semence

A la douce fin de la photosynthèse, la transpiration de leur débat

Éclosion de limbes sur le dernier rosier

Fin pour les araignées noyées par les épines du tétanos

59 - TIC TAC KIT KAT

Les aiguilles défaillantes de ma santé, tour de Pise aux plongeons charbonneux

Ramène le temps, un cercle, un élément circulaire

Tournant encore et encore dans ce monde solaire

Semblable à une fresque scolaire, les moments solitaire

Un enfant impopulaire, la chronologie cellulaire

Le poison moléculaire de leur encre oculaire

Déferlent en lui, en moi, en nous, cette logique séculaire

Transformant forme de nos réalités triangulaire, une constellation stellaire

Au loin de cette tragédie, une pierre angulaire brisant le bipolaire

Chutant sous le son de la gravité, un atterrissage perpendiculaire

Sous le désir caniculaire, Oh toi, somptueuse chorégraphe vocabulaire

Démantèle de ta galère, les mots que tu ne tolères

D'un objet binoculaire, tu mis fin à cet épistolaire

« Ne ferme pas tes yeux aux phares capitulaires

Referme de ta jugulaire, ce fléau tentaculaire

Et rattrape de tes rêves teintés de colère, une mésange animée à Baudelaire

Prenant un nouveau départ dans cette logique similaire »

60 – UN PEU DE NOUVEAU

Bonjour coquelicot

….

Tu ne fanas pas malgré les années

….

Ta douce tige pleine de vie

….

Le soleil sur ton corps radieux

…..

Fait éclore tes pétales

….

Bicolore de tendresse, tout ce que j'aime chez toi

….

Silencieusement allonger dans cette terre familière

….

Aujourd'hui encore, tu es bien silencieuse

…..

L'odeur de ton pollen, Ce que j'aimerai toujours chez toi

….

Ce rouge et ce jaune, Réaniment notre passage

….

Malheureusement, même si tu es toujours ce que je chéris

…..

Pourquoi tu veux-tu point répondre d'un signe ?

….

Venant d'un corps froid, aux dernières paroles

….

Que je réchaufferai d'un acte inachevé

….

A celle que j'aime

....

A celle que j'aimerai toujours même à la fin

....

Je t'écrirai à tes côtés, des mots de secret

....

61 – TOUCHE D'INCENDIE

Souriant cauchemar de braise ardente

Repeint en tes sons, les vieilles musiques de la veille

Carbonise en ton annulaire, Des fleurs séchés de couleur

Montre-moi cette question à la torche brûlante

Un démon de feu, une gazinière de soufre

Déclenchant de ses pas, le feu brûlant de mon issue

L'incarnation aux fantastiques désillusion de mirage

Du craquement des allumettes moléculaires, l'odeur du métal

« Charbonne de tes morsures, les feux follets percutant

Contrôle la température, une histoire de degrés

Ne te cache pas en ton ombre

Pour mourir à la vue du soleil »

62 – JOYEUX NOËL

Douce vague blanche, déferle leur secret sous la lumière artificielle

Me demandant ce que cette lune me chuchoterait

De son brouillard de blizzard, Contre-foulée de luxure

Au piano de la partition

Je voudrai simplement contempler cet astre de fantaisie

Tandis qu'au creux de mes mains invisibles

Reposerait une couleur aux pigments lunaire

Tandis que la neige fonderait

Je voudrai juste cracher de mes lignes

Le bout de ton rire, la braise de nos présages

D'une plume noire en mes larmes d'hiver

D'uns stalactite de poussière

Je voudrai juste rester sous ce blanc immaculé

Recréant d'une suffocation, le dessin de notre cauchemar

63 – UNE TOUCHE DE RENOUVEAU

…

Bonsoir tournesol

….

Ta beauté au travers du temps, Le crayon en tes yeux

…

Tes courbes lisses et délicate, Rappelle un parfum d'iris

…

Au loin de la pluie, Les couleurs restent sur ton visage

…

La seule chose que je te demande

…

Entendras-tu, malgré la distance de nos âmes, Cette symphonie

…

Ne t'endors pas, Dans les aléas de nos erreurs

…

Courbant de l'échine

…..

Une protection de choix, Une journée de traumatisme

…

Continue de pourfendre ce corps de fils

…..

Maintenu de promesse bridée d'or

.....

Les éclats de météorite sur tes larmes

....

Définissent les dits de ton cœur, Ce que tu n'as jamais cherché à fondre dans une masse de sang

....

Oh pourquoi, je chante à ce ciel, Ce léger silence

....

Ne t'endors pas, oh, Légère anomalie bleue de ce soir

....

Laisse recracher de ton corps, Ce petit cauchemar

....

Cacher entre cet être millénaire, Celui qui, Dans un au-delà aux différents temps, je continuerai d'aimer

64 – BOMBE ARTISANALE

Rire déambulant de cette cage de H

Crie en ses rêves, Les éclats des membres cuisant

Hurlant de rire, les psychoses de l'incompréhension général

Danse de camisole, Pendaison à l'éthanol

Prends une autre tasse d'anamorphose

Explose de son ballon d'idée, Les trous contre les murs

Repeint encore et encore le monstre de mètres carré

Chantonne comme avant, les traces de ses foulées

Les corps de son corps

Laissant rire, Les écartèlements des infirmiers

Les faux visages des maudits

Un métronome de bpm aussi rapide que les bruits de pas fuyant

Psychopathe de ses rêves, Tueur de leur incompréhension

En nom de son art, Le regard de son Dieu

Fait détonner ce bâtiment malade

Bienvenue dans la réalité, La danse des fous

65 – RICTUS

Divin nectar, divinité cybernétique

Age qui passe et temps qui avancent

Oubliant derrière, enfants et éclair, foudre et souvenir

Etait ce un cauchemar ?

Je demande aux voix repos et dommage

Mais répondant sous les pensées de Marie

Celle-ci ont dévoré les agneaux de leur enclot

Etait ce un rêve ?

Marie s'est pendu dans la ferme de Jacob

La pellicule de Gabriel

Les 5 marques de Dieu

Etait ce mon film ?

66 – CHARIOTE

Mécanisme des cieux, Erre en ton gaz, La virée de nos destins

Chassie de notre bouclier aux multiples rugissements

Désigne en cette épée, Ton prudent successeur

Tes yeux de miroir où le jugement des défunts

Crucifie mon verdâtre orgueil de protection

Aux arrières couvert de reflet, Symbole de tes vertus

Indigne héritier de la sonnerie immonde

Fournisseur de tonneaux en ta danse

Les piliers séparateur des membres rouilles

Ont rit de ta luxure courbe

Pour voir au loin, s'embraser, un cheval de fer

67 – RELIGIEUSE

Psaumes rêveurs de philosophe

Questionne de son envie, les œuvres qu'il perçoit

Crayonnant des cendres, une bâche de papier

Coupure de sa folie

« Mer déchaînée avale en nombre de tendresses

Caresse du bout de sa plume, ses parties de bonheur

Concevant en plaisir intime

L'encre du pentagramme »

68 – MESSAGE CACHE

L'air matinal, ravive en mémoire

Au présent de la brumeuse brise

Naissance d'un astre divin, Hallucination

Unique recours à nos déjà vu

Il ne le savait plus

Tyrannie de vers en ce récit

Éruption de courant parcours, corps gelé

Semence de sa fantaisie aux abords grossier

Tout ce qu'il avait, Tout ce qu'il touchait

Maison d'allumette au flamboyant mirage

On ne pouvait que le dire

« Retrouve dans tes coffres, une pièce de puzzle »

Tireur de sa mégalomanie, une corde de blé

Étrangler en son inconscient les charbons de four

Il ne restait plus qu'une page

Comme dans un métro de luxure

Ici bas, Ci-gît, l'ancienne ère

69 - CLOQUE D'ŒUF

Sonnerie de téléphone aux messages incongrus

Découvre de tes doigts, ta peau numérique

Guise de tes entrailles aux périodes de ton cœur

Cacher dans les visions radicales du vertical

« Hé, m'entends-tu te décrire de mes chiffres, le nombre d'or ? »

Couverture de visage brouillé, la neige bruyante de la fin

Retourne un anonymat d'anomalie dans un chant électrique

Leur présence errante, allées de ton esprit aux milliers de dossiers

Affiche les victimes des paramètres en décibel

Clique droit de leur secret inavouable

Supprime les octets et vide le disque dur

70 – SECRET DE CONCEPTION

Encore une de plus, une à la chaîne

Sans sentimentalité, perdant de son originalité

Tout restera, en secret pour enrichir, les récits de sa poupée

Les plis aux creux du lithographe

« Essayant de rester dans le masque

Les journaux dansaient aux firmaments

Comme un léger colibri, qui me prit par demain

M'emmenant chanter aux physalis »

Déploies au passé, tes ailes de création

Sous les serpents de ta peau, Fait vriller le satin

Jusqu'à ce que le signe de la vengeance s'envole

Sous ta douce carrure aux mille carillons

71 – JE N'AI PLUS DE CORPS

Énergie spirituelle de la rose

Ressens en ton parfum, le travail d'un autre

Sous ton trench fabuleux, évapore ta fumée noirâtre

Vole dans les rues fantomatiques aux visages brouillés

Ne ferme pas tes yeux, Ne tombe pas de sommeil

Dans ce petit cauchemar

Foulées en course renverser

Les crédits d'un générique de tenue

72 – DAMOCLÈS

Jeton de carambolage, Déferle sur le tapis de prairie

Aux montagnes d'euro comptant

Les nuages toxique plafonnent à la lumière du météore

Tandis qu'au milieu de la pluie de chiffres

Tombe en un seul morceau, ce léger déambulateur d'argent

Agonise sur la table, une roulette de couleur

Une bille arc-en-ciel, un fou sur le 3

Tout a fini à la première balle

73 – DANS LA MAISON

Un étrange quadrupède de cidre

Déplace de sa marée alcoolisée

Les murs de nos espaces

Agrandissant d'un torchon de bile, les journaux, papier de décoration

Décuvant au ventre ouvert sur le seuil de la porte

Les serrures se sont verrouillées

Laissant sous le préau de la pluie

Un alcoolisme au lever du jour

74 – ENCHAÎNE

Cigogne, oiseau de la création aux premières couleurs

Biche, animal des 7 arcs-en-ciel

Sphinx, créature des couleurs flamboyante

Colibri, voyant aux millions de couleurs fantastique

Phoenix, Illusion de notre dernière couleur

75 – PSEUDONYME

Cache-cache dans les pièges sous les piques des amertumes

Découvre un souhait de notoriété

Calmant dans sa mer de brouillard, Les bulles de ses respirations

Nous nous demandons sous le toucher divin

« Quand cette femme, Brillante d'envie

Touchera notre art de pudeur ? »

Grenouille aux quadruples sauts, fuyant ce doux sourire

Courant de ses cuisses brillante, Cette robe blanchâtre

Au sourire de cette femme invincible

Coupant, Les dimensions de nos cachotteries

A découvert, nous nous sommes éteints

Dans une galerie de l'image de notre schizophrénie

76 – FLAMME

Le temps s'en est allé

Emportant avec lui, Légende

Ne dors pas, Ne meurs pas, Ne pleure pas

J'ai suivi les souhaits du passé

Mère de ma léthargie au creux de mon torse

Dévore de mon sacrifice, la flamme de tous les enchantements

Décuple des principes, la porte des enfers

Déferlant dans les chansons des autres

Un torrent de cauchemar, Sous les brûlures de mon erreur

Guideur de mes propres principes

77 – PETITE FILLE

Oh, Démone aux milles couture

Décroche à sa présence ta laine de sentiment

Douce et brûlante, Une mère au loin

Pleurant ce manque de compassion

Oh, petite fille, Tape des tambours, Ta forte chanson

Ne retourne pas les photos de ton cahier

Pitoyable et créatif, Une mère à l'horizon

Hurlant le désespoir de la pierre

Oh, Minuscule bulle de temps, Siffle tes derniers mots

Abandonne tous les créations de ton esprit

Incroyable et désastreuse, Une mère criant

Milles et une larme nourrissante de terre

Oh, Petite souris des chants, cache-toi en la symphonie

Pour réaliser dans les peluches de ton cœur

Immense et étouffante, Une mère s'évaporant

Suicidant les rêves de famille

78 - ???

Un oiseau au loin s'envole au-dessus des champs qui brillaient avant tout, Les attraits de la poésie

Il volait, volait encore et encore en même temps que les violons aigus frottaient de leurs cordes acharnées, Leur musique propre

Sous le vent, ÊTRE DE VIOLENCE, CATASTROPHE NATURELLE DE NOS TOURMENTS INFÂMES

TIRE UNE DERNIÈRE BALLE D'UN ASSAUT PATIBULAIRE

Venant s'écraser une dernière fois, un oiseau devenu blanc

79 – BABY LULLABYE BYE

I just want to say

In this fog of gray

The tears falling from my eyes

An illusion of lies

Hurt myself today

Taking me by the hand "Why don't you stay"

the face of all these dead

Send through the dragon, their words spread

Let me save you, It's alright, Legends never die

No matter the weather, men never cry

Let me sing a lullaby

To fall asleep in your Bye bye memory

Stop your rhyme of night

And Only in your dreams

Burry the demons in your mind

Set it on fire

I wait you in my home

To stay with your mercy

Wont refuse to watch you on the fire

80 – LUNDI

Vous ne laisserez jamais, Démons et soleil

Extirper d'un monde miraculeux, la création de son sommeil

Enchaîne sous les flammes, Les traces du tueur dans votre esprit

Vous aviez laissé le prix de votre propre mépris

Dans une fin à 7 temps, Le regard du père de Satan

Parcourant de vos veines, Le gaz combattant

Au nouveau verseau de votre thyroïde

Les pyramides de vos génocides

Explose, dimanche a fermé ses beaux rideaux de créativité

Pour laisser à lundi, le plaisir des festivités

81 – MANON

Abandonnant aux pendules

Larmes, cernes et cendres

Le temps des anciens a passé mains et armes

Pendant que ton rire hante la nuit

Les anges pleureurs, le balancement de mon esprit

Aucune croyance pour la trahison

Aucun blasphème pour mes hurlements

L'odeur de l'encens

Effrayant la bête de nos cages

Tu étais toi même enfermé

Même dans le noir

Tu as décapité nos sourires

82 – GRAIN ET CAPSULE

Éclore de l'encens, les écailles du dragon

Rugueuse comme le charbon de cette allée aux mille direction

Une créature volante de son œuf d'argent

Brille sous la chaleur du désert aux milliards de grains

Peu importe, les vallées du chant du vent

Guide de ses pas, petit à petit, le peu de repos

Consumant son triste sort, Brûlant dans la constitution

Une vision à vue de Celsius

Rage ardente au physique noir, Tâche sur le tableau

Prends une inspiration de mélatonine

Décuple d'un crochet, le souffle du dragon

Pour apparaître, au milieu d'une route, une capsule de feu ardent

83 – LUMINESCENCE

Astrologie, fugace création dictatrice

Reparties en toi, science et tablature

Assemble de ton marteau, la frappe divine

Le nom du présage qui se crée

Appelles dans tes tracées glaciales, un nouveau Dieu

Dévales en tes rangées, Ton pouvoir de claire voyance

Disséquant d'un scalpel divin, Les morceaux inchangés

Pour ainsi remettre ton dû

A la proche coupe du charpentier

Au centre de tes runes aux 12 signes

Tu n'as jamais écrit les tiens

84 – Ouest à Est

Cacophonie de course, direction linéaire

Bruit de vitesse, écrasement de rideau

Vacarme de grosseur, impact oublié

Écho en temps, Météore traversant

Boucan, chrysanthème à la porte du poète

Détonation à onde, virevoltant de pardon

Explosion finalement

Grabuge derrière une porte encore fermée

85 – PULSATION

Pauvre homme, moisissure sur les murs, pourriture dans l'assiette

Ressent en son cœur, une ouverture de porte

Voyant par ces doigts bandés de balafres, l'envie de dévorer

Briser, frapper, Annihiler de sa lune la lithographie de son visage

« Oh plume légère du poids de la vie

Laisse décoller de tes sentiments, ton flasquement de mort

Déchire l'échine dans un dos d'ombre pour créer, oh mille créatures, un ange parfait

Ris aux éclats dans la salle de bain chaude »

Nuit, nuit, nuit, crées, arme et fantaisie, les marquants de ses pleurs

Ecchymose sur les bras, scalpel volant

Transforme son corps en une toile blanchâtre

Qui joint ses mains priant, OH SOLFÈGE DES CRIS

Miroir…gisant dans les morceaux de vie

Repeignant de sa grasse ses pensées, laisse hurler une cérémonie de choeur

Pour un silence fugace déclinant de sa corde, une nouvelle marque

Sourire illusoire, Pleurs dérisoires

Dans une assiette de minute, un morceau a tourné

Chuchotant en décibel « Étrangle là de sa vue

Une main tendue, arrache de ta nuit, ce bras tendu

Serre la main à un morceau de lierre »

86 – SENS GIRATOIRE

Tourne, tourne, encore et encore

Dans des pages de grisaille renfermant le silence

De nos pas apeuré, la biche court

Tombant coup par coup comme les moutons de nos pensées

Aucun ne nous aidera

Prenant de ses phares les pleines vues de l'explosion cérébrale

Guide une emprise

Pulsation de pleurs

La gloire des oiseaux priant de leur petit être

Une tornade de mot

Arrachant mille murs

Casse les masques des visages

Décrochant un par un

Cadeau de noël au masque une explosion cérébrale

Sang sur les planches

Le bruit du tonnerre

Ressortant comme un sang jaillissant

Par les entrailles finales

87 – RÊVE ENFANTIN

Couleur de mer dégouline sur ces terres sauvages

Dans un élan de désespoir, traversant l'iris de son éclat

Les vieilles racines du temps, prolonge d'une artère, ce poignard suintant

Digne de cette lecture encore, encore une nuit sombre sous la terre

Fleurs sur la cloche, envole une hirondelle

Qui cache en son sein, la parole des siècles

Brisant par paroles, oh jeune fille

Caresse un cœur encore rouge de ces pétales

« Glissant dans le coude de ses tourments

Âme de mes souvenirs, déchaîne-toi et crie de tes cordes, un solo de vagues

Tandis que la pluie battante écrase ce dossier de chêne

Le regard du loup encore dans la braise »

88 - NATURA

Forêt des peuples, bouge de ton tronc

Montre de tes rivières l'envie de ton corps

Sillonnant chacune de tes branches

Craquelle aux battements des souffles

Brise passagère dévoile ton odeur légère

Animaux, signe de sa vie, Insectes, signe de ses besoins

Colore une simple fois le manteau de grisaille

Prit sous les flammes de ses pêchés

Aucune âme ne lui dit merci

Triste finalité de la beauté

Découvrant au lever du jour son corps sans vie

Dans un œil froid couvert de braise

89 - ANNA

We are the ghosts

We are the past

We spinning in the void

You will never forget us

All is lost

A miscast

Chain through destruction

We are the Fuss

We will be the love

Rounding around the circles

The crying in your head

Remember the time

Ringing Chime

Lie In bed

This burning purple

The color of your gloves

Did you forget this song

It's been so long

Of what was wrong

Have you waited long

Your rage

Unable to pass an age

Turning the page

Get stuck in this cage

The birds fly away

While we stay

Let's enjoy this birthday

See you in the next few days

One last laugh under this tree

If we go first

Will you cry

Will you remember those times?

We are the ghosts

We are the past

We spinning in the void

You will never forget us

All is lost

A miscast

Chain through destruction

We are the Fuss

We will be the love

Rounding around the circles

The crying in your head

Remember the time

Ringing Chime

Lie In bed

This burning purple

The color of your gloves

Full of phantom

Bring us home

Crying Our desillusion

A night of temptation

The color of a carnation

Monochromes

Everything goes out

In this universe

A curse

Sow doubt

Lost soul singing

The world thinking

Once again forgot our colors

caught by this summer

We are your ghosts

We are your past

We spinning in the void

You will never forget us

All is lost

A miscast

Chain through destruction

We are the Fuss

We will be the love

Rounding around the circles

The crying in your head

Remember the time

Ringing Chime

Lie In bed

This burning purple

The color of your gloves

Oh no, don't destroy us

Don't leave us behind

Once again

The same resentment

Can't say goodbye

Can't say goodnight

Ooh no, please, no

We are the ghosts

We are the farewell of time

We are the ...

We ...

We are not...

That laughter

Flew away

Fading at the moon

90 – TOURMENT AU FONTAINE

Couleuvre à langue de vipère

Chuchote à Eve les envies de son âme

Désirant faire pourrir ses feuilles

Ouvrir la porte des eaux productives

Le serpent de ses passions

Prends d'un trait blanc de poudre

La danse aux arbres de billets

Souvent désireux de sa silhouette

Les muscles de son échine aux différentes courbes

Crie à son maître, de dévorer sa pomme

91 – DELARIO

It can be my ending

The fire dreaming

Run with our demons

Losing myself, changing my ideology

You feel alone

We howl at the night

Crying in the fire

Maybe a fire man

Find a rising savior

To call your home

Crying my desillusion

A night of temptation

So

CRY THE FIRE

And Run run run run

Until increasing

And Scream scream scream scram

When the sun crashes

A surging man

Crying in the fire

Papers, corpses and demons

Burn in the fire

A monster in the ashes

92 – PICARO

Bonjour, enfant des muqueuses

Grandis de ton lexique, une épopée aux destins définis

D'un déterminisme social de troisième acte

Le faisant pour autrui, Danses sous les lumières blanchâtres

Décroche une plume blanche symptomatique

Courant des abords de son publique l'étrique

Démolis la barrière du dernier mur

Jeune enfant abandonné, petit picaro, tu t'es encore fait éclore

Sur les pages d'un nouvel écrit

93 – PARADE

Que regardes-tu donc, derrière ton écran de fumée ?

Oh oui, ne serait-ce pas ce dont tu me parlais jadis ?

Je pense y voir une lumière de vérité contradictoire, Ceci ne te dit rien ?

Ne voudrais-tu pas enlever ce brouillard cancérisé de notre vue ?

Le lever du jour de puanteur, ceci ne te convient pas ?

Je le sais, cherchant cette flamme brûlante inconnue, tu as pris la direction des ronces ?

Combien de fois, devrai-je t'écrire pour te réveiller, mer de cendre sur lesquelles nous reposons nos illusions ?

Oh…Malheur, Que t'est-il arrivé, pourquoi la peau de ton visage a pris feu ?

Pourquoi n'as tu pas éteint ce feu incontrôlable ?

…Je le comprends, de ton visage tordu de douleur aux mille cratères des enfers

Que tous les pleurs de ton silence, tous les chagrins de l'accumulation

Renais de nouveau dans tes cicatrices, marque page de ton histoire

Tu as découvert le bonheur

94 – CERCLE

Ils nous appellent invincibles, nous les fantômes de ce système circulaire

Un système scolaire, nous détruisant au niveau cellulaire

Un amour triangulaire, Créateur de moléculaire

Nous sommes les êtres bipolaires

Nous sommes les créatures solaires

Nous ne sommes rien de plus que les ombres solitaires

Dévorer par ta douce colère

Nous ne sommes rien d'autres que les hémisphères polaires

Aux mille vision révolutionnaire

Nous ne sommes rien de plus que les mots divisionnaires

A la fin d'un épistolaire, sous les génériques séculaires

Le monde circulaire a assombri le crépusculaire

N'étant rien de plus que l'épisode impopulaire

D'une parade globulaire

95 – TRAME

Les démons sortent, allumant leurs blanches tenues

Désirant couver derrière les rideaux de la peau

Leur terrible penchant de désarroi

Saisissant son réceptacle de la croix aux cris

Une porte s'ouvre, un cauchemar a pris vie

D'espoir mort, Dans leur esprit, Une simple chanson tracée sur leur encre vital

Prends la main de leur précepte et accorde un pardon d'oiseau

Un désert dans lequel je sais...Que je ne peux rester

96 – VÉRITÉ

Je veux te tuer, te brûler, te détruire

Des rouages au calcul misérable, Une lame coupante

Je veux te dire, te revoir, te reprendre, TOUT CE QUE JE VOULAIS !

Tirant net à l'exo de sa fatigue

Aujourd'hui, la poésie est morte, laissant pourrir sa délicieuse carcasse de littérature à la chaleur de notre dieu solaire

Oh, Mais qu'est-ce donc, une jalousie au tambour temporel, Oh, toi, lune de tous mes péchés…Combien de fois devrai-je te haïr ?

Hurlement de rage, à toi, je fais offrande, PRIANT TA FROIDE LUMIÈRE !

Je ne désire qu'une chose sous ta puissance astrale, dévore mon corps et fais exploser de mille couleurs, cette scolopendre cérébrale

97 – LATIN

Ex radices reveles

Nostra memoria tabem deridiculo arbore

Arboris radices mentis et animi affectionem,
ubi radices illorum emerge suscitat

Summumque putator haud incognitum qui
mordere Silentium, quaeso

Domini mei exprimi speculo INANIS STREPITUS

Iterum, hoc non est poetica

Quando me illuc?

98 – A CŒUR OUVERT

Munitions tombantes dans les eaux des générations

Le cycle de la vie reprenait la forme du serpent

Buvant gorgée de science

La sottise de l'être fit son TAC

99 – PLATINE

Coloris de cadence, repentis à ton jugement

Que le diable de la pièce rose se dissipe

Dans un seul et même brouillard chaud à la tentation pourpre

Prenant de tes mains, ce léger moineau à la Julie et Candie

Il s'envole, déployant de ses ailes minuscules, une pluie de parasite

Grandissant dans la peau du diamant

Coincer dans les multiples faces incolores

Le reflet de la lumière de leur écho

Le vers de la santé, chauffant, sous cette cage de vitre

Bouillit en un silence éclaireur de rouge

Une étoile de division colorimétrique sous les influences du bleu de la lune

Une dissection gorgé d'écrous

100 – OR OU ARGENT

Enfant de nombre, comptant tickets heureux

Entre dans la dimension du christ de noir et blanc

Souris à la monticule

Détruisant court, Où sont passés vos procréateurs ?

Venez donc, la scène de vos funérailles

Pleurs mutés, larmes effacés

Pourquoi, oh oui, toi, tu n'es point ému de tout ce carnage chancetique

N'aimes-tu pas cette mélasse de désespoir que les majordomes squelettiques te servent ?

Encore une douce chanson, que hantaient vos progéniteurs

Un écho de générique, un fondu noirâtre

Laissant énumération chapelière apparaître en carotide

Ne serait-ce pas sur l'imagerie mouvante, la photographie de vos visages démasqués ?

101 – CRISTALLITE DE L'ESPOIR

Capable d'interpréter une moratoire de piano fantasmagorique

Je voudrai tes mains, pourfendre les crochets de sa musique

Je voudrai tes yeux, Pleurer de cristal au firmament

Je voudrai tes cheveux, Cachant Gracie derrière les platanes

Je voudrai ton narcissisme, Pion de ma mascarade

102 – LA LLORONA

Duelo de mil demonios, deforma con su piel blanquecina, las cañas torcidas

Ahogarse como prosa de alineación, sin arte para abogar por el maestro de su fantasía

¿Adónde han ido los niños, germen de vida con mil especies?

De una cacería en el siniestro entorno, descubre su secreto primordial

El olor a putrefacción, sensación de éxtasis.

Incapaz de desenredar sus pliegues rojizos

Un ensayo de predilección por el psicoanálisis perpetuo

Oh llorona de sangre fantasmal, ¿qué nos has escondido en nuestra nostalgia?

Tú sola, sacerdotisa de los cuervos, ofreciste tus ojos como un

No volverán, tu caligrafía viva

Un adiós solemne, una sonrisa de guadaña ciega

103 – SANG

Hémoglobine de saveur asphyxiante

Détache de ses velours douteux

Une première sensation de bonheur

Verrou de déduction

104 – ORCHIDÉES

Cattleya dérobe ma branche

Brise à la saveur du sel

Le lobe de nos minéraux

Sentiment au script indésirable

Wanda de nos abdomens enrayer
Décuple les côtes des limbes
Laissant pourrir aux araignées criantes
Un amas horrible sans forme

Cymbidium des légères couleurs
Griffonne ses pigments d'analyse
Désireux de verdure au ciment affamé
Je ne rêve que de te dévorer !!!

105 – NŒUD

Écrou de ciment, Pigment de temps
Ramène un cercle de composition
Un carré de caractère, un triangle d'épilation

Machine lumineuse des dix-huit

Mélancolie circulatoire, passe au-dessus de la boucle infini en lui

Referme les échappatoires des pleurs

106 – ENTENDRE

Bruit imposant à la momie

Elle hurle au regard bleuâtre, un nuage aveugle

Critiquant le paroxysme de la beugle

Trépasse les mètres acoustiques de la vie

Coupe au muet, la bouche imposante de ses justifications

Laissant au souverain de la punition

Un goût amer de métal décibel

Sous la journée d'un mal à belle

107 – VENIN DE CHAIR

Pomme de bois, échu de fruit

Signe d'un mot incongru, la signification de son œuvre au vent du jour

Journaux de contrebande, Griffe en polystyrène décuvant la rosée maternelle

Journée de commencement au début de la ligne verticale

Lettres et nombres, des jeux en perpétuels apostrophe

Souffre de la plante à l'argile désinforme

Distingue une scolopendre en serpent

Désirant s'agenouiller de ses courbes volatiles

Devant la pomme du pommier

108 – PEUPLE MOUVANT

A toi, peuple mouvant aux multiples tirades

J'en conjure de tes souvenirs de balafré un vœu indésirable

Que toi seul, au travers de tes millions de tentacules fantaisiste pourra démêler

De tes cris stridents aux milliards de décibels, Pulvérise les lunes

Peuple mouvant, entends-tu, par de là les montées d'abolition de la charrette

Un présage au Phoenix suintant les flammes, La vision de nos ennemis

Le tremblement de tes pas, le choix de ta vie

Oh misérable peuple mouvant de cette mer de cendres, Pourquoi ne voudrais-tu pas avoir en tes profondeurs, la présence d'un roi

109 – INFORMATION INFORMATIQUE

Vitesse de numéro, chevauche les boîtes électriques

Cherchant, encore et encore, un parcours de veine

Plus en plus, de moins en moins, l'illusion de ses doigts

Un nombre irréel jeté par ces doigts à la JFIRI(9

Devant le simple LOGIn ?

Un jeune message de l'attitude conduisait 125rlp%^^

°50°°¨4 »') dans son gargantuesque 12ù^*$=à(7

Monstre filaire en %./??3 »à(

110 – INTITULE : ÊTRE HUMAIN

La solitude des démons erre encore

Lorsque je me sens perdu dans la roue

Je me demande ce que tu feras en ce moment même

Devrai-je encore continuer à écrire en poésie

Ceci est-ce de la poésie pour toi ? Vers de parasite à ta plaisance ?

Je me le demande encore

En quoi ceci a-t-il un sens au lieu d'une lettre ?

Aurai-je encore la force d'avancer sous les degrés grandissant ?

Quand verras-tu ça ? L'auras-tu avant les dernières gouttes d'encre ?

Je me le demande encore

Ce sentiment qui perdure dans l'ignorance, reposant dans un monde d'illusion

Pourquoi suis-je triste lorsque je n'ai personne à mes côtés ?

Pourquoi crierai-je un combat de multiple chasse

Je me le demande encore

Si ce que j'écris à un sens, de même que cette pensée traversière parcourant mes veines

Aimes-tu ce que tu lis ? C'est la seule chose qui a du sens, une sensation

J'aimerai… bien,trinquer par delà le soleil à un moment inoubliable

Traceur de la folie, oh oui, je me le demande encore

Dans combien de cliquetis, le coucou de la pruche me tordra le cou

Pétales fanant au creux d'un torse

Oh oui, ce que je voudrai, je me le demande encore

Ta présence, ton rire, ta chaleur ?

Succomber à la pulsion, la tristesse ?

Ronger du bois, la vie solitaire qui me tend les doigts crochus

Je me demande juste si, finalement, ceci a un sens

Si dans le futur, j'arrêterai de me battre

111 – FEU FOLIE

Aide-moi, je t'en supplie, ange exécuteur désireux

Laisse les valves cérébrales déverser leur feu antique

Implose le ballon d'une pression ardente pour faire germer les gerberas

Et recréer en ce puzzle de chair un nouveau jouet

Les âmes dévoreuses, mangeuse de globules et de lobes, chauffent ce sauna de traumas

Ne ferme pas les yeux de boucle d'or, Ne l'endors pas sans la couvrir d'une partie de ta chaleur volcanique

Prendre au lever des glaçons, un monoxyde de carbone

Au début d'un cauchemar

112 – MAYDAY

Message d'aide à la météorite

Visant espace et dimension qu'à elle même réussira à briser

Vitesse en cadence, addition en multiplication

Les passages déformant les lignées, percutant un noyau

113 – ÉCRITURE AUTOMATIQUE

Machine automate de chaleur

Allume en elle un feu théâtral au public de cendre

Chantant au partisan de l'hymne

Le doux vrombissement de son spectre

Ouvrons les rideaux de lune, plongeuse d'ères aux catacombes

Écrous vibrant à l'odeur de l'esprit

Fugace enfants de clappement aux parents

Une photo cinématographique de l'échine

Il a oublié sous le morceau de fermeture

Que le squelette carbonisé au sourire

Avait changé de place avant de fondre à minuit

Craquelant ses os de joie

114 – CONNERIE CANARI

Châtaigne saignante, rafale de bois

Déclinaison des olympes à l'ouest

Fruit de notre monde spirituel, Fracasse les boîtes à souvenirs

Que vient-il donc d'arriver ?

115 – RETOUR AU SOURCE

Douce colombe de neige, Sautant de rocher en mémoire

Un réverbère de chaleur artificielle

Éclaire un pas de lune, Pour la douce peluche de fils

Pour toi, jeune enfant de filature, envelopper de ton doux manteau d'innocence

Tu découvres dans ta lancée, les lignes de temps

Un souvenir d'une rencontre, Le tableau noir d'une séparation

Aux milliards de destins naissant des étoiles

A toi le dernier Noé

116 – PENDENTIF

Sous le coup de l'horloge, les multiples façades des intervalles

Regardant derrière le mécanisme de grand-mère

Que cherches-tu, jeune brouillard sombre dans toutes ces malles ?

Pourquoi cries-tu en souriant à grand-père ?

Bois travailleur des esclaves de sabot

Sème en ses entrailles les secrets de famille

Tombant, glissant, d'étage en étage

Ricochant à la fin de son épopée, les cheveux de grand-mère

Gribouille vivant de rature, errent dans la maison

Symphonie de morsure à la mâchoire de grand-père

Pliure de roseau au milieu de la charrette

Quintessence de leur secret de famille

117 – QUANTITÉ EN NOMBRE

Approche de la fin, une cigarette senteur opium

Effleure de son tabac verdâtre, la douceur de ta joue de soie

Cendres gravitaires chutant, Disperse dans l'arène de ton corps

Milles combattants aux désirs corporels

Légèreté cancéreuse à l'odeur de ta poitrine

Chacune de tes respirations, un fardeau d'envie

Une fin de galanterie à l'entrée du filtre

« Je me suis dit qu'aujourd'hui encore, j'essaierai »

La forme de ton cendrier, un coulis fantaisiste

Prendras-tu une autre bouffée de ce charbon asphyxiant ?

Un univers de senteur aux décors

Où te caches-tu sans le mirage ?

118 – POUR TOI

Je me suis battu, pour voir en tes projecteurs, un sentiment

Je me suis levé, Yeux river sur tes mers

Je me suis excusé, Pour que la brise me sifflote à l'instar d'une tempête

« Je suis fier de tes couleurs »

Je me suis fait mal, Lutte désastreuse à ton sourire

Je me suis laissé emporter, par delà les anges pleureurs au corps de ta chaleur

Je me suis demandé, Pénitence de décision incompréhensive

« Je voudrai voir de ton être, le cœur de tes mots »

Je me suis permis de chantonner à illusion, sa douce carapace

Je me suis figé à l'équinoxe de ta souffrance

Je me suis présenté à l'entrée de ta tristesse

« Je t'aimerai malgré, tous nos différences, car par-dessus ton épaule, une chaleur t'est offerte »

119 – FRÈRE

Au revoir, Monstre de mon être

Pourquoi je pleure en écrivant ceci ?

Dès que ton mot apparaît

Je me demande si les singes rigolent

J'enchaîne les sonnets au sommet dramatique

Je me regarde vers l'avenir, Un oiseau osseux

Que vient-il donc de chuchoter ?

Que vient-il donc de chanter à Schizophrénie ?

120 – SIMPLE DISCOURS A PÈRE

Corbeau de terre, rentre au cimetière

Plane aux allées tombales de ronce

Bombardant vers et organes de ton être volant

Grignote au lever des tombeaux, les poitrines vides

Oh oui, prédiction de présage, tu fuis au soleil de pureté

Tu reconnais, de ton regard trouillard, une maison à la guise de ta traînée

Percutant, affolant, déambulant dans ses derniers morceaux d'organisme

S'allonge au chevet du maître de famille

121 – HEUREUX PRÉSAGE

Commencement des flots, courants intrépides de la colonne

Débouchent, entrée de la mer tumultueuse des Dieux

Désigne de son ambidextre paradoxal

Un merveilleux destin, noyer dans un envol

122 – FENOUIL

Délicieux produit de la vallée aux chiffres

Déboule dans la vie d'un jeune être, une texture de découverte

Parlant dans les mains de son met, révèle en son somptueux secret

Une caresse d'amour

123 – SILENCE

Envie de déverser en ton vase corporel

La bile d'encre aux démons ténébreux

Rechignant en ton sein, la présence de l'apôtre

Oh, paradis détruit

Fermant porte au son de ton péché gémissant

Tu prêches à ta vie, oh sculpture de mes écrits

Tu implores au firmament

Renouveau du paradis

124 – GOLEM

Contrôle tes pensées, façonne tes vers cérébraux

Incapable de créer une chose ligneuse

Tu débats ta souffrance de créatures

Tu ne vois pas les morceaux tombant de ton corps

Oh créature, somptueuse beauté d'alchimie

Tu hurles de ton impuissance

Je te comprends sur ce radeau de ton membre

Tu t'es rendu utile

125 – HAMEAU DE VIEILLESSE

Regroupement d'étoiles, Signe d'un vent profond

Tu te tiens de tes branches fendues

Observant la beauté du jaune brillant

Recouvre tes yeux aquarelle douloureux

Errance de ton cœur aux familles pendues

Larme d'arc-en-ciel à la gomme du décor

Tu tombes dans cette flaque de rature

Venant de tes propres ouvertures

126 – MAÎTRE

Ne serait-ce pas, la chose, l'illusion de tes dictions

Empêcheur de liberté à l'extension de son domaine

Déclenchant l'ouverture des tréfonds verrouillés

Marionnette aveugle de l'éclair discuteur

Ne vois que dans ta monotonie, Maudit ton nom

Dans un décor bleuté de corps plongeant

Exauce les vœux de son maître d'imagination

Recréant de toute pièce, un coléoptère cérébral

127 – FUNAMBULE

Tendeur de fils, manipulateur d'espace

Tisse sa toile dans une fissure ecclésiastique

Écarte l'infini d'une simple pression

Plongeant ses marionnettes dans la dimension d'une ligne

Aspire l'ensemble de rien et régurgite le tout

Dans un espace vide de pressentiment

« Le temps s'en est allé, prenant le vent des légendes

Recousant les quelques brides à la fumée galactique »

Marcheur linéaire au sang giclant

Choisis la direction de son trépas sans trampoline

Refusant de prendre par sa vie de ficelles

L'échappatoire de son fils d'Ariane

128 – CANNIBALISME

Auto tacite de ses morsures Archétypique

Une entrave de venin au sang héréditaire

Une histoire fastidieuse de cuisine au moignon

Découpant de sa faux aiguiser de justice trompeuse

Coupe les illusions de support, révolution de monde

Recréer sous le soleil d'été une vision de tripes à la chaleur envoûtante

Une sensation qu'il cherchait en sa carcasse

« N'est-ce pas bon d'être tomber »

129 – HARMONIE

Musique....Violon

Vide....Trou béant

Amertume... Sensation de haine

Larme...Retient du temps

Pulsion....Infraction de société

Dépression...Gravité sensorielle

Pourtant du creux de vos mains

La fumée de votre trépas

Succomber à la conclusion

130 – MESSAGE

Tombe, ouverture, cérémonie de crâne

Désigne de ta plume de serre

L'unique partie de ses vers

Pour en dévorer la chair

Une buée de chaleur, une mer de degrés

Perdu dans les bois, le petit chaperon rouge s'est pendu

Grand-mère a invoqué Hadès cacher sous son masque de mer

Criant au loup de déformer ses pas, cache en sa fourrure les traces

131 – CALLIOPE

Devrai-je voir pour colorer cette peinture ?

Combien de temps poseras-tu dans une illusion de muse ?

Combien de temps les cratères d'illusion donneront ta perfection ?

A quand, la liberté de mouvoir ?

Toi, celle qui continue en ses danses sentimentales

Ficelles les pensées dans un slow désarroi

Une moitié de temps, un dixième de ma nuit

Un écartement de sonnet, Qui va être gommer ?

Je me demande comment le temps fait-il ?

Je me demande pourquoi suis-je maudis au rite de la sorcière ?

Je me demande comme toujours pourquoi le singe est enfermé par les charnières ?

Sommes-nous les hydrocoralliaires ?

132 – LUI

IL N'EST PLUS, OH SEIGNEUR PLONGEUR D'ÂME

QUE FERAS-TU QUAND TES RÊVES SE BROUILLERONT ?

OH PLEURE INARRÊTABLE, MAIS QU'AS-TU FAIT ?

IL N'EST PLUS RIEN QUE SA CORDE

OOOOH IL TE DÉVORERA DE SES PLEURS

TE COINCERAS DANS TON ESPRIT DANSANT DE VIPÈRE

DEVRAI-JE T'AIDER POUR TE SAUVER ?
DEVRAI-JE SUIVRE LA VENGEANCE ?

MONSTRE DE CŒUR, IL TE HAIT

JE TE HAIS, FANTÔME DE SOCIABILITÉ

TU NOUS AS TUE, ARMÉE DE SOLITUDE, DÉVOREUR DE LAISSE

DE TES YEUX BANDES, TU NE VOIS PAS

LA BÊTE DU CREMATORIUM AUX MULTIPLES ESPRITS

JE TE HAIS, JE VOUDRAI TE PENDRE PAR LA FINALITÉ DE SON CIRQUE

QU'AS-TU FAIT, NOUS NE SOMMES PLUS, OOOOH SEIGNEUR FUSIONNANT LES ÂMES

ABRÈGE NOTRE HAINE SANGUINE, PEINTURE DE PLANCHER DE TES CAUCHEMARS

133 – FORSYTHIA

Couleur des enfants paresseux

Effleure d'une camaraderie au quatre coins de la cour

Tu te désignes sous les précipitations de ton viscère

Arrêtant, rêve et réalité de pavot

Grandissant à la chaleur d'une étincelle de virtualité

Prenant part, au-delà des barrières aux pulsions de vitalité

Son odeur n'est plus qu'une catégorie de mémoire

A ce soleil couleur d'ambre

134 – FERDINAND

Fin de guerre, souvenir de poudre

Train à la fumée de neige, Mission accomplie au soleil des enfants

Arme baissée, Canon de fleur

Funéraille d'affrontement, Juste une simple discussion

135 – ARME VIE, DRAIN DE POUSSIÈRE

Abysse au terminal de l'arrêt

J'ai osé, poser de mes tentacules, un toucher glacial

La promesse d'être différent

Le regard de Lucifer guidant mes veines

Je me demande encore combien de temps, la clocher écoulera-t-il ?

Ce que tu ne sais point, ce que tu songes point, CE QUE TU HAIS

JE me le demande encore, Comment tout ce que tu feras conduira ce béton à couler

Le poids de tout tes cris strident de silence

Je le pense encore, que tout s'est effacé

Combien de fois, l'ai-je réécrit ?

136 – CROCHET

Profondément instiller de pourpre acide

La tour du paradis sculpte les contours

D'une sensation d'acceptance ésotérique

Poussant de la fenêtre des étages, un alcoolique

Tombant à la vue de ce pied empoisonné

Les pleureurs emprisonnés aux degrés de chaînes

Hurlant de ses sculptures mégalomanes

De son charisme pyromane

Les cieux du pardon tombent de la tourmente

Rêvant de ses clôtures allélique

Les animaux heureux aux visages enflammés

Blâment à qui veut le croire, la faute de Chronos

137 – CITE DE NUIT

Calcul de décibel, Exploseur d'entrailles

Détermine de ta chute, pourquoi as-tu ouvert la cage ?

Regarde la noyer ton vide blanc

Vomissant, Ancienne mélasse d'encre

Oh oui, Noies le dans un typhon de sculpture

Résonne le silence des fourmis cadavériques

Ajoutant, décuplant de morsure

Combien de fois, le mur sera t-il repeint ?

Croyance de précision à l'acolyte troué

Échange une place pour repentir ses traces

Ah bon, tu as pris ta chasse pour la fin

Ah, d'accord,... Tristement, tu ne t'es jamais arrêté de danser

138 – PISTOLET

Uranium de vipère, couronne de racine

Vibrations en octogone, Vole à même le sol

Seulement un viseur en graphite, Immanence d'argile

Fissure de calligraphie, Figure de souffrances

Piqûre numérique, Substrat de barillet au centre de la table

Mesure battante au cric de la crypte, Simplement un morceau de lumière

Semblable, Paraître aux proches le reste du chargeur

Entends d'un ricochet, Détonation, Explosifs de cerise

139 – HUMIDE AIR

Cartilage de fruits secs

Broies le de tes crocs, le gentil garnement

Dans la malice de tes globes à la vue périodique

Je me prive d'un insecte

140 – ANTHROPOLOGIE

Cardinal de pointe cinéraire communicative
Délassante amatisse au pourriture
Sillonne par les flots, pierre et feux
Chalandise de nos grandeurs

Décuplant aux câbles d'asphalte
Sublime par leur mesure la fracture du ciel
Tombant du millénaire étoilé
Enfin une suite royale

141 – MURMURE

Asile de reste, béton de parasite

Enlève de sa camisole

Les puces d'illusion narquois au temps

Prenant par sa coloscopie

Chevaux de cheveux

Voix façonnée décollant ses parois

Chute mortuaire sur le pied du tabouret

Message d'adieu, Écriture de rencontre

« Arrête de savoir lire en mes veines

Pantin d'un mort aux nerfs soudés

Écrase de ses pleurs enfantins

Que feras-tu de ma mémoire ? »

142 – BOMBE BOMBE

Pétales d'étages aux pinceau d'arbres blancs

Disant au revoir au monstre de la pluie

Les flaques noyées de son cœur

Jeune fille au visage vierge a oublié sa caricature

Train de rêveur casseur de sommeil

Construit sous les projets ses bâtiments clastique

Mais qui viendra repeindre derrière le tracée de la ballaste

Le visage sonore de la mante religieuse

143 – STATICE

Neige d'écran au joie Halloween

Immobile en déconnexion constante

D'un ravage de cœur

Le prophète de l'écran

144 – FRIANDISE

Enfance de sucre aux pays des merveilles

Tu rencontres en son sein, une limace d'égratignure

Déverse sa semence élastique d'un acide chocolaté

« Ressers toi l'euphorbe de levure »

Overdose de sucette, Danse dans les chemins

Je me demande si tu comprends encore les mots du lapin

Invention trompeuse de fumée et de monnaie

Pluie de divertissement le long d'une barre

Briquet de vanille, Cuillère de gélatine, Œil de farine

Ouvres de nouveau, le trou du chemin

Oh mais Alice, où es-tu passé au travers des malices ?

Crise de manque quand est venu le jour de pâques

145 – FEU FOLLET

Maladie, mélodie

Que fais tu cacher au loin d'un face à face

Que feras-tu quand les démons se lèveront ?

D'un pas de flamme, un orage se lève dans la foudre

La fin de tes pas, le blocage de ton cœur, Oh créature de flamme

Tu es venu nous chercher aux portes du purgatoire

Enflamme le monde dans son ensemble et réduis d'un amas de cendres l'univers de cigarette

Craque une allumette au nom de Dieu, Dont tu seras la seule à subir

146 – BIEN FAIT

Répercutions des cautions

Laissant pousser les graines des avions de présage

Tout ce qui te font toucher le fond des semences horrifiques

Récolte ce que tu sèmes dans tes rêves aquarelles

Face à face avec toutes tes créations

Enracine les marques de tes cris

Noie sous les gravas, les plumes de la colombe

Seule contre les mémoires

147 – AUJOURD'HUI JE ME SUIS RETROUVE

Demain, je ne serai que le son de la pluie

Dans deux jours je ne serai que le bruit d'un cœur de tonnerre

A Londres, les corps se sont levés sous son commandement

Au japon, le nouveau soleil a brûlé la Chine

Bruit de suite dans le balancement de la société

Je le sais, je l'ai vu dans les langues du cœur, Demain les gens n'oublieront pas

Nous le voyons silencieusement, Bouche tissées, Yeux pourfendus

J'ai enfin atteint les sommets de la physiologie, Séparateur des atomes morphologique

148 – ÉTOILE FILANTE

Pourquoi est-il loin de ses yeux, un volatile de nuit

S'écrasant, percutant, déchirant la brèche des univers

Pilonne d'énergie, Poussière féerique de printemps

OH POURQUOI, oh oui pourquoi tout ces fantômes ont braisé ses ailes

Au milieu, une forêt de crayon sifflotant ses restes de la veille

Perche et torche de village, Originalité est morte à la société

Danseur d'âme chevauche les cordes de l'arc funéraire

Explosion, tape dans leurs mains, Chute de météorite filante

149 – NOYADE AU PORT

Neige de fleurs, Poinsettia de frein

Regarde par la fenêtre de glace, Le mouvement des manteaux incompréhensible

Peluche de sang, Mer déchaîné silencieusement

Absorbe de son être, mécanisme et organisme

Voix résonnante du ciel, Homme preneur de chance aux sanglots douloureux

Libère ses démons de cris ravageur

Passant fondeur de larmes, Tireur de tragédie, Entreteneur de tristesse

Faiblesse de sauveteur, Pourfendeur d'hiver

150 – INOPPOSABLE

Il ne peut arrêter les ajouts de ses membres

Greffes de molécules, Piqûre de tétanos paradisiaque

Jouvence de ses équinoxes

Il regarde miroir aux imposteurs

Joue de ses doigts agités de racine, un ballon de vérité

Se dégonfle aux manques de syllabes grimpantes

Aux manques de ses justifications d'un carrefour de regard aux terreurs

Chemin d'un prophète sous un jazz tendre

151 – GRAND MÈRE

M'entends-tu ? De tes yeux clos, faiblesse de ta longévité

Oh oui, dors tendre agneau baigner de ses défections, Le dos de photos prendra sa faux

Que faisais-tu lors de tes cris synopsis

Oh grand-mère pourquoi hurles-tu face au fenêtre ?

Vieille déroutante reprend ta couronne de petite fille, coincer dans le temps, tu t'es perdu ?

Je me demande, combien de temps restera encore en tes veines, le poison de ton erreur ?

Rire de suiveur, Foulé de déambulateur, oh fine feuille, tu n'as jamais été cru

Que les rires t'ont suivi aux pliures de ton être

152 – CONTRE CŒUR

Sincèrement, Je me demande comme le soleil

Si tout ces mots serviront à quelque chose

Le mouvement de tes yeux comprendra t-il la signification de ses agitations ?

Je me demande si la lune me rendra ces 6 mois de plaisance aux masques détaillés

Comment tout ceci enchaînera le lendemain ?

Que se passera t-il à la fin de ses encres intouchable de poussière

Oh oui, Ils seront partis avant d'éclore à la fin

Car il est difficile de voir partir le livre de son génocide

Oh, A quoi cela servira t-il, Pièce de puzzle d'un jouet charcutier

Contre coup d'après battement, Lâche ses doigts d'os

Que se passera t-il au lever du jour

Je ne le saurai point, si celui-ci n'existe que dans mon utopie

153 – AVANT FINAL

Plume noir du corbeaux fuyard

Lâche sa proie aux creux du cœur

Au revoir d'une ampoule, rose fanée de flaque

Elle reprend le bouquet de ses demandes inachevées

Banc de forme, Souvenir de légende errante

Raconte à Noël, un amour impossible de différence

Ragot de liberté aux marguerites fuyantes

Racine coupée, Elles ont voulu voir la magie de l'amour

154 – AQUARIUS

Sombre accident, Tsunami du paresseux

Déglutit par le radeau de la méduse

Les poissons des esprits, ouverture de la seconde porte

Mer des êtres, Bassin de réserve

Eau de vie pour le Grand

Déverse de l'asphyxie en torrent

Poignarde de son hameçon insensible

Prenant clés et trousseau du zodiaque

155 - ESTOMAC DU DRAGON

Digère en tes bas fond acide de trésor doré

Cause les commotions des demandes aux milles genoux

D'une légère écorchure, Pliure de papier à l'encre bleuté

Les gaz toxique de l'infiltration

Dieu de tout les rêves, Rugis ton improvisation

Digne successeur de l'avenir, tisseur de nos préparatifs

Tu n'as d'égal en tes tripes, Les mots de tes contours

Demandant par la main du lendemain comment t'exécuter à ton plaisir

156 - HAINE BRUTE

Je veux te réduire, d'une bouché de cyanure en ton sein

Je voudrai boire de tes yeux, les larmes du pardon

« OH SOUFFRANCE QUE TU M'AS OFFERTE, OH VISION DE L'OMBRE VIDE »

Je reprendrai de ton Graal hypnotique tes dictons

« Je tiens à toi » Paradis de mot sablé désertique

A la sirène du ciel, je broierai ce jolie couloir à parole

Rire de fusion, la couleur morte de ton enveloppe

Je la dégusterai d'un scalpel ancré

157 - TRAPPEUR

La mer ne bougera que sous les ruées de vitesse

Éleveur de puissance, Créateur de nutriments

Voleur de coups de pétales, Lâche ses morceaux sur le cercueil

Referme les dents des démons métalliques sur le contour de Tortuosa

« Je marche avec les morts » des démons dansant dans ma tête

Je suis resté coincer au générique de la fabrication

Mauvais déplacements de gazelle, Cou pendu de biche

Sable mouvement au goût de fer

158 - IMPOSSIBLE 1

Liste de combat à pleines lames perdues

Désire de vie en assemblage au bordure incollable

Brisant boucliers de fer à la défense d'argile

Choix de ton rang à la mauvaise augure

Le combat d'une sentimentalité non réciproque

Une chute d'appareil, une ligne stridente

Parachute fermé sous les casques

Chute profonde

159 - IMPOSSIBLE 2

Seigneur sanglant de cœur au trône de ballon

Excuse de ses au revoir sa défaite intérieure

Valse de balles percutante, cage de finalité aux seconds abords

Quand ses munitions ont fini d'un feu de surprise

Genoux de prière au Dieu de femme

Une force humaine, souhaitant le meilleur de ses larmes

Soldats secret de son royaume, Damnés d'une rancœur

Tirant leur final de guerre

160 - IMPOSSIBLE 3

Chute de frontières vertébrales

Tout s'écrase d'un silence funéraire, une fin d'ère

Les oiseaux grouillants de chair, bouclier brisés

Regarde les vers survivant de leur défauts

« Pourquoi de tes lettres sanglantes, tu pris notre rôle

Grisant de mensonge à la lignée des frelons

Tu as réussi à trancher notre utopisme de rose

Regarde par la lame de tes paroles, le morceau de ma chair que tu as coupé de notre sphère »

161 - IMPOSSIBLE 4

« Un mot d'une lettre, le début d'une tragédie d'abeille

Voyant au loin d'un arbre pendeur, Chevalier au regard rêveur

Retour d'une bataille d'étoile rempli de poussière

Ne désirant qu'une chose en ta venue, un retour en arrière »

Oh que t'ai je donc fait, pour recevoir de ton non sein, la souffrance de nos ténèbres

Ruée de sang dans les ruelles, Odeur de poudre sur la place

Balayant d'une tempête, les sculptures de ses fantômes combattants

Ne serait-ce que ma punition pour avoir oser, en un jour, un soir de début, de dire ma parole contre Dieu !

162 - IMPOSSIBILITÉ POSSIBLE

Solution tape de la porte des ruines des quatre pierres

Prenant de ses courbes à ses hanches, conduit ses demandes

Lui offrant une solution paradisiaque, un renouveau d'utopie

Cherchant à fuir les griffes de la femme destructrice de sa carapace

Le diable, offre à ses mains de terre la chance de recréer un zéro

Arme son jugement au pardon de Damoclès

Abattant son ultime sorti de cette boucle impossible

Rendant, un nouveau monde possible au culot de la culasse

163 - PETIT OISEAU DE RENDEZ-VOUS

Devrai-je rester pour faire ce que les astres dictent ?

Je tomberai d'un règne de glace

D'une légère brisure, fissure d'un éclair

Je me suis perdu dans la confusion

Devrai-je partir avant de vous voir vous deux ?

Entendant les cris, Cisaillent les oiseaux

Je bouche les conduits des bruits stridents

Se taire ne serait pas assez facile

164 - VULCAIN

Rage cellulaire, Bouillante de destruction

Il te prendra d'une coulée dévastatrice

Cramant l'entièreté de ton être de bois, Vide de logique

Il te perfora au nom de la Tirana

Meurtre au second acte, Chanson de joie pour le spectacle

Sol de lave, Chaos à ta vue, Premier regard décapitant

D'une piqûre artérielle, Le second coup d'un costume couvert de larmes

La pruche qui n'existera plus, Le final d'une robe ensanglantée

165 – ÎLE

Vaisseaux de plateformes massives

Flotte petit oiseaux de kilomètres

Emmenant de tes plumes sablés, Tes secrets circulaires

Apercevant de ta chute miraculeuse, un lit aquatique

Fusée des espace temps, mangeuse de place

Définit les arborescences de isotopie

Moments sains au milieu de l'avidité

Nettoyer de tout ses microbes, un oiseau aquatique

166 – GRÈCE

Monuments de Perceval

Aux géants de tombeaux oniriques

Désagrège d'un dicton de vérité

Le paradis d'un Olympe enseveli

Décrochant de leur trône planant

La cérémonie des pliures conciliante

Accusant comme tressaillant

Ce bon vieux confrère déchu de la Terre

167 – ÉPISTÉMOLOGIE

Générique de première page

S'anime par ses paires monétaires

Incapable de laisser les secrets de la vie

Continuer sans regard à la serrure

Années passantes, Hélas combien de réincarnation ?

Combien de besoin sous fumée d'orge ?

Encore une fin de saison gorgée à Hollywood

Un dixième film, une douzième saison

168 – BRÉSIL

Fumée de joie, Délire Marie Jeanne

L'ombre d'insecte, période de gommage

Aux joyeux lesté perdu de Janeiro

Délire de face, Fusil aux répliques d'âmes

La société écrasante de la perche

Le sauveur brisé perd ses bras

Dans une affaire de bruits sans nom

Danseur de samba

169 – CULTURE

Magazine gaz et nombres

Recréant cloche de raison

Liberté de verset aux ailes mortelles

Une cruche cachant muqueuse de talents

« Elles errent, d'une peur, De tube d'originalité »

Perdure les yeux, voyage d'un inconnu

Musique contemporaine, Peinture d'ambiance

« Oh société, Aujourd'hui, tu nous as condamné »

170 – MONOCLE

Mystère au calcium de vipère

Décortique des abdomens hypnotique

Une nuée, Borgne de nerf fuyant

Simple cirque de maison unique

Interminable récolte de souris

Mon ami nous guette d'une résistance décevante

D'une pupille finale à la maîtrise

Glorifie tes cernes aux amis vierges

171 – QUINTUPLES

Enterrer l'uranium de guerre croustillant

Broies les tréfonds de trésors

Au couleuvre de bruits grésillant

Tu en as piégé les 7 nains

Fils de fils à leur père de jeune fiançailles

Oubliant tendres et démons

Tu en perdis les 7 jours

Un seul était à ton mystère

172 – QUESTIONS

Stricte passerelle de témoins graisseux

Débuche un nombre de loup

Combien du comment du pourquoi ?

Je t'en laisserai bien une

Muse de rêve au corps inconnu

Dévoile le temps d'un soir, les réponses de son sein

Je l'interlude de longue tiraillante

D'enseignes et de livres

173 – BOURGOGNE

Repas, triangulaire de besogne

Liste de cailloux à la sortie de l'ivrogne

Devrait-on le lister lentement ?

Pour voir tes rêves d'autrement

Exalte de bateau à la sortie de la pente

Tel un cavalier d'une succulente

Accroche d'une plante le besoin d'une oscillante

Trêve d'un libérateur caractérisée d'une détaillante

174 – OISEAU CHANTEUR

Matin d'opéra sur les épis de la plaie

Lève un morceau de verre en son cœur

Roucoule ses morceaux de bien être en beauté

Lever de tissus sanglant chronologique

175 – A MON DOUBLE

Carte de cœur, As de pique

Vaccin de nos démangeaison siamoises

Sourire d'un soir, pleurs de soleil

Questionnement de sa mixture originelle

« Que nous est-il arraché, bras manquant

Typologie d'hier aux simples questions

Je recherche ce que nous avons volé de nos gorges

Ce bras, repoussera de membranes d'argile »

176 – LISTE POUR UN AUTRE JOUR

« A toi, je t'écris ses livrets

D'une encre ancienne, j'instaure ton secret

D'un papier de soie, je n'en défais que les décors

Plantes et microscopes de livres

Tu ne forceras que d'un phare

Pour éclairer, formes et légendes

D'une langue d'un mouvement

Au soleil rayonnant la lune »

177 – PÉLICAN

Dragon formateur de nos terres
D'une morsure déchirant l'infini
Telle les coupes d'une aile symbolique
Jeune vautour, seulement écarté par le bec

Il leur dévore la vie
Vers de ciel, au grand décor blanc
Erreur de mésange en binaire
Source de mésaventure gastronomique

178 – GORILLE AFFAME

Infâme silhouette de cauchemars noirs
Idées de départ à la création du trou dorsale

Les visages de la nuit, comptine de millisecondes

Ignorance de la bouche sur son ventre

Course effaner aux yeux vides du brouillard

Tout fut consumer

Par son envie, son anxiété, son stresse, son calme de trésor

Il ne voulait que profiter de la chose

179 – PETIT CAUCHEMARS

Boîte de trésor de jouet au pied du bois

Berceau de petit microbes bruyants

Vibrant de cordes à l'éveil du manque de masque

Hurlement de petites bêtes manger par la grande

N'hésitant que par la paranoïa

Leur plis sur les murs des ombrelles

Une veilleuse de cœur priant au nom de leur sauveur

« Petit démons, Ne quitteront pas ce rectangle de hochet »

180 – UNE POSTURE

Ovation de la foule gigantesque

« MERCI MAÎTRE DE NOS IMPOSTEURS DE REPRENDRE LA VÉRITÉ »

Menottes de membres, Bandeau de désignation

Que fait cet enfant sur la scène de tout leurs erreurs ?

« Purge nos âmes négliger par tes propres péchés »

Que raconteras cette vague de sang animé à la vue de ta désignation ?

Mourras-tu sur leur choc de devenir un être humain ?

Est donc beau de voir ce qu'est notre race, mourant du tonnerre à la verticale

181 – LE LOUP DES BREBIS

Petite boucle d'or marche dans les bois aux arbres maudits

Perdu aux abords d'une tromperie de cervicale

Son corps cambré, son envie de plaisir au jardin d'œdipe

Laisse à son temps, un léger coup de sel

Mon dieu, Dévergondé de danse

Boucle d'or est partie voir Alice, Chantier de tout les chemins

Fumée senteur de chimie brûlante

Boucle d'or s'est fumée les cheveux

182 - LAPIN VERT

Nourriture au doux pelage couleur balle

Creuseur de cadavre aux scies de bouche

Suit tes traces, Muscle quadriceps, Tueur de traître

Demain, Sa proie regrettera peut être

Continue de sauter, Broyeur de crâne

Perd ses oreilles de tendresse, Crieur de cornes

Poussant son amalgame sur les flots

Une petite bête a inhalé le maître

183 - ÉCLATS D'ÉTOILES

Ce soir, j'ai oublié tout

Tu n'avais pas le droit de me laisser le droit

De me laisser seul

J'attends encore à demain tes vœux

Si tout était à refaire, que me cacherai ses étoiles

Tu m'as laissé un mur de carré et de forme

Je me dissipe pour laisser un merci

Simplement un fardeau de tonométrie

Dire que je voulais simplement voir au ciel lointain, une étoile filante

Pourquoi devrai-je continuer à écrire

Touchant bientôt à l'abysse de la fin

Je suis seul dans l'appartement

184 - MESSAGE

Je lis sur cette tombe de marbre

Une chanson de justice, une honnêteté de précédent

A quand l'épisode d'avant ? Écouteras tu mes chansons ?

Difficile de tourner la page d'une forme de pierre

Demain soir, Quand les pas se dissiperont

Je me prendrai une asphyxie de rire

Sous les missiles de mère nature

Je n'ai jamais trouvé ma main

185 - APRÈS MIDI

Sourire aux multiples facettes, fissure de visage

Écaille de dragon, Feu de parole

Les brisures des écorces se désirant de danse

Retiennent de leur tristesse, leurs vieux amis

Une mauvaise graine germe dans les pleurs

Un pantin harmonique de la Terre

Tout ceci déboulant à la suite d'une liane de contrôle

Les gens ont brûlé notre maison

186 - BARQUE

Typhon du jeune soldat, Tireur de petite fleur

Ma plume est noire de piston aux pétales fanées

Le monde dévorer par les dents du kraken

Un unique harpon aquatique, Noyade de terreur

Tétaniser de liberté en passage

Le maître de l'élément a choisi de sa tentacule fatidique

Son esclave de dictons incorrects

Créateur de sa religion d'une épine de rose

187 – ÉCRITURE NOUVELLE GENE-RATION

00001101 00001010 01001100 01100001
00100000 01101101 01101111 01110010
01110100 00100000 01110011 01100101
00100000 01100011 01100001 01100011
01101000 01100101 00100000 01110000
01100001 01110010 01101101 01101001
00100000 01101100 01100101 01110011
00100000 01100101 01101110 01100110
01100001 01101110 01110100 01110011
00100000 01100100 01100101 01110011
00100000 01100010 01110010 01110101
01101001 01110100 01110011 00001101
00001010 01000100 11100010 10000000
10011001 01110101 01101110 00100000
01100110 01100001 01110010 01100100
01100101 01100001 01110101 00100000
01100100 01100101 00100000 01110100
01101111 01101110 01101110 01100101
01110010 01110010 01100101 00101100
00100000 01001100 01100101 01110011
00100000 01111001 01100101 01110101
01111000 00100000 01101110 01101111

01110101 01110011 00100000 01101111
01100010 01110011 01100101 01110010
01110110 01100101 01101110 01110100
00001101 00001010 01000011 01101000
01101111 01100011 00100000 01100100
11000011 10101001 01110110 01100101
01110010 01110011 01100001 01101110
01110100 00100000 01100100 01100101
00100000 01101100 01100001 00100000
01100110 01100001 01110101 01111000
00101100 00100000 01010000 01100001
01110011 00100000 11000011 10100000
00100000 01100100 01101001 01100110
01100110 11000011 10101001 01110010
01100101 01101110 01100011 01100101
00001101 00001010 01000100 01100001
01101110 01110011 00100000 01101100
01100101 00100000 01110011 01101111
01101101 01101101 01100101 01101001
01101100 00100000 01110001 01110101
01100101 00100000 01110000 01100101
01110010 01110011 01101111 01101110
01101110 01100101 00100000 01101110
01100101 00100000 01100011 01101111
01101101 01110000 01110010 01100101

01101110 01100100 01110010 01100001
00001101 00001010

188 – OVNI

Alien de forme des légendes

Se dégouline de lui-même d'un regard noirâtre

Le but de ses membres fraternels

Donneur d'un réveil millénaire

Sortir d'un paradis de traître, Trouver une exile de pollution

Terre d'amour, Chasse d'un au revoir

Partant dans les astres d'un vaisseau blanc

Incapable de comprendre les mots de l'au delà

189 – POSITIVITÉ

Lever de chaise, Passons à la deuxième phase

Ne cachons plus derrière cette brume, les monstres prenant un cœur

Je me demande comme à l'habitude, pourquoi aujourd'hui je me suis mis à sourire

Qu'elle est ce reste de pourriture ?

Sans doute tiendra t-il la barre, Tiendra t-il la hauteur ?

Je serai le dernier sur ce bateau d'imposteur

A combien de double brumeux ont brûlé dans les flots

D'une simple gouttière rempli à couvert de mégots

190 – SIMPLE ET INEFFICACE

Au revoir au bonjour de la poésie

Art incompris de 189 retour en arrière

Les petites filles des supplices implorent un respect

D'où les poissons résonnent du ciel

Kilomètres de lettres fades et illogique

Un assemblage de style dérisoire

Juste ce qu'il lui fallait du bout du doigt

Pour passer la dixième finale

191 – TEQUILA

Vozdushnyye bal'nyye tantsy
Meshayet promezhnost' modeley
Osenniy naryad iz krasnogo shelka
Vernite eto s sostradaniyem

Vygodnyye kudri dlya krasoty volos
Poluchite v vashikh glazakh pribyl' s fronta
Slushaya slova ushey tak prekrasno
Svetlyy simvol s krasivoy poeziyey

192 – REFAIRE

Et si on refaisait notre lumière

Que l'on alignait d'outre mer

Les symboles de la muse

Celle qui nous cherche à la folie

Je dis en cachette, que les secrets de demain
« Champagne » de fête en bon de commande
Critère de ses envies de beauté
Je te le dis d'un air bonté

193 – PETITE DERNIÈRE

Commence à marcher au petit pas
Son premier cri de naissance la condamne
Te prenant par son dernier de mort
Elle s'est déjà envolée

194 – MACABRE

« Oh Dieu de la mort osseuse
Tu as repris de ton dû, l'aimable présence »
Prêcheur de foule paralyser de crainte

Je ne décortique que de la vie d'un amant

Laissant à joie à la peine
Un vide de créer son luxe
Court sonnet de sens
Une hymne pour chaque âme

195 – D'OÙ VIENT LA RAISON

Sentir l'origine glaciale galactique
Misère de mesure aux secrets inconnus
Vois de ta paume, la caractéristique de l'humus
Débris de foule ou de météore

Jouer pour tromper la différence
Ouvre la porte d'un choix de circonstances

Dégoupillant cette touche de murmure

Un bruit de percussion à la coupure

196 – SCRIPTE A TON ÂME

–.. ––– .–. –– .– –.– – –.. .– –. ... .–. . .–. .– –...

–... . ... –... ––– –. ... ..– .. ..– –. – ...

–.. .– –– . –.. . –. ––– ... ..–.. ––. .–. .. .. –

–..–– – .– – .––––. .– –.– . .–. ––– ... .. .–. .–. .

...

.–. . .... .– –. – .–.– .–. .––––. .... ––– ... – ..

.–. . – .–. ––– ... –– .–. . .– ... . –. . .–. .–. –. .

–.–. .... . .–. .–.

– ... .– ... .– ... –.– .... .– ... .–. . .–. .–.–

.–. . .–. ––– ... ... –... .–. .– –.. . ... .–. ––.–. – .

.–. . . –. .–. –. .– –.– .–. ––.–– –.. . –– . ...

–.–. . ..– –.– .– .. –.– .– –.. ....–.. ...

– ––– .. ––.–– .–. . . .– –. . . –. ..–. .. –. –.– –

–.– ... –. .. .–. .–. .–.. .. – –– .– .–. .–. .– –. –.–. .

.---- ...--- ... ..-- ... ... -.-- -- -.. --- .-.. .. --.-
...-- . ... ..-- .-. .-.. .- .-.. --- .-. -- .

-. .-----. . ... - .-. .-.. ..- ... -.-. . .-.. ... .. .-
-. . -. --.. ..-- .----- .-.. .- -.-. .-. --- .. -.-.

197 – DÉLIVRANCE

Finis de ton assaillante pénombre

De ta face couverte se lève les silures

Cisaille doucement les traçages faiblesse

Appel à témoin de révolution

Je ne réclame de ta petite erreur

Que tu es faible dans l'abstinence

Garçon de malice et décuve de temps

Strictement infime de décuve

198 – REPOS

Fin d'un ère, Un nouvel air

Respire en fête le passage

Pays de soleil où la nuit est mortelle

Regard des épées au duel de liberté

Justice au regard de l'ombre

Je te rappelle que tout est ta fin

Sensation de midi, présence d'instinct

Chaleur au pied de morphe

199 – PROJECTION ASTRALE

Crise électorale à la vue du roi

Que les dames de cœur s'inclinent

Aux trompettes des valets de carreaux

Stresse de la vie en courtisane

Aligner par les règles des cœurs

Il est temps ami de la vie à rougir

Car on ne peut que cacher de sa courbe

Une échine de passion levant le matin

200 – ULTIME

A	C	L	T	J	C	J	A	S	J	Q	O	C	P	V	P
U	A	'	E	E	O	E		O	E	U	N	E	A	A	O
	C	H			M		C	U		E	T		S	G	U
R	H	I	L	T	M	T	E	S	T			F	S	U	R
E	E	S	I	E	E	E	L		E	M	U	I	A	E	
V		T	S				L	L		E	N	N	G		T
O	A	O	A	R	L	D	E	E	R	M		A	E	D	O
I		I	N	E	E	E		S	A	E	J	L		E	I
R	L	R	T	M		D	Q		C		O		D		,
	A	E		E	R	I	U	M	C	L	U	P		E	M
A			E	R	E	S	E	I	R	E	R	O		E	J
U	F	D	N	C	S		N	O	S		U	T	R	E	
	I	E		I	T	L	J	U	C		D	R	E	C	
J	N		S	E	E	A	E	T	H	S	E		M	I	T
O		R	Y					E	E	C	C	T	P		E

U		E	M	P	D	F	T	S		E	O	O	S	
R		N	B	O	E	I	I		A	N	U	I		L
		C	O	U		N	E	D	U	E	V		E	I
		O	L	R	V		N	E	X	S	E		N	G
		N	I		I	D	S	S			R			U
		T	S	I	E	E			O	O	D	T		E
		R	M	C					L	M	U		O	
		E	E	I		V			E	B			R	C
						E			E	R	P			E
						R				E	A			
						S				S	S			M
											S			O
											E			N
														D
														E